U0034248

27
Mystery

27
Mystery

神啊！教我如何把二個聖筊問出三個聖筊

突破擲筊問不下去的窘境，
小心得到三個聖筊卻出錯的陷阱！

問神達人 **王崇禮** 博士◎著

27 Mystery

神啊！教我如何把二個聖筊問出三個聖筊

突破擲筊問不下去的窘境，小心得到三個聖筊卻出錯的陷阱！

作　　者　王崇禮
封面攝影　張雲凱
特約美編　李緹瀅
主　　編　高煜婷
總 編 輯　林許文二

出　　版　柿子文化事業有限公司
地　　址　11677臺北市羅斯福路五段158號2樓
業務專線　（02）893 14903#15
讀者專線　（02）89314903#9
傳　　真　（02）29319207
郵撥帳號　19822651柿子文化事業有限公司
投稿信箱　editor@persimmonbooks.com.tw
服務信箱　service@persimmonbooks.com.tw

業務行政　鄭淑娟、陳顯中

初版一刷　2019年11月
定　　價　新臺幣420元
I S B N　978-986-97680-7-8

Printed in Taiwan 版權所有，翻印必究（如有缺頁或破損，請寄回更換）

歡迎走進柿子文化網　http://www.persimmonbooks.com.tw

～柿子在秋天火紅 文化在書中成熟～

國家圖書館出版品預行編目(CIP)資料

神啊！教我如何把二個聖筊問出三個聖筊／王崇禮 作.
--一版. --臺北市：柿子文化，2019.11
面；　公分. --（mystery；27）
ISBN 978-986-97680-7-8（平裝）
1.占卜 2民間信仰.

292.8　　108015671

（依姓名筆劃少至多）

很榮幸有機會為本書為文推薦，這原是八竿子打不著的機緣，竟有幸發生在我身上。因緣際會因電視節目錄影而認識問神達人王崇禮先生，聽聞那一個個引人入勝、傳奇得難以想像的案例故事。醫學是科學，講證據；問神是神學，講境界，但是要把「境界」講得有根據，那就不是人人都做得到的。

醫學的背景讓我凡事講求科學證據、實證醫學，然而現實是——就是有些現象是目前科學找不到答案的，有時跳脫現有思維去尋求另類解法，反而能找到合理答案。擲筊（博杯）、問神，是怪力亂神嗎？不一定，能把問題藉由邏輯性的分析、抽絲剝繭一個一個去探索，進而找尋到答案，那就不迷信。

本書簡單明瞭地探討了擲筊問神的方法，透過把抽象的問題與具體的事實拉上連結，而解決棘手的難題。雖然呈現給讀者的是淺顯易懂的文字，背後卻是複雜且細膩的解析，引領人回歸問神的本質——平鋪直述中可見問神達人的實務功力，也讓人從另一種觀點去了解問神的邏輯性。

王老師的許多真實案例，例如有的不孕症是因為某些未知原因無法化解而造成的、有些生死的化解源於前世的因果……，你或許可以當一個個神奇故事去品味。是真？是假？真碰到時，不得不信之——天下事，無其不有，謙卑面對每件事才能圓滿完美，希望大家都能夠透過本書窺看另一類神學！

——**王樂明**，臺北市立萬芳醫院婦產科主治醫師當王崇禮老師將本書初稿遞到我手中，我立刻被斗大的標題「如何從二個聖筊問出三個聖筊」所吸引，頓時想到：這不就是信眾們向神明擲筊時最常出現的問題嗎？擔任宗天宮理事長多年，遇過很多信眾來拜拜擲筊，他們常問志工的擲筊問題有：「是擲一次筊，然後有出現聖筊就好了嗎？」「我一直擲筊但都沒有聖筊，是神明生氣不理我嗎？」「我有擲到兩個聖筊，但就是擲不出三個聖筊，是不是筊壞掉了？」諸如此類的疑問，常常把眾志工問得會心一笑。本書的問世，不只將解決信眾擲筊卡關的困境，還傾囊相授王老師閉關時神明傳授的邏輯系統分析，可謂獨一無二、世上難得一見，實為信眾之福。

以我專長於數量化分析的立場來看，擲筊與機率論脫離不了關係，但擲筊問事就是那麼玄，在自助而後天助的前提下，神意的擲筊跳動（應杯）跳脫我所認識的三個聖筊八分之一的機率論。

王老師曾對志工說：「神明是被動地坐在上面，祂不會說話，任何神明想要給你回應，都只能用筊來表示，不然你要祂怎麼回應？」這段話也讓我聯想到自己，老師當久了，就愛問學生：「同學們聽懂了嗎？」「有沒有人要問問題？」只是每每這樣問，學生通常都是不敢回答，要不然就是回說：「我們都聽懂了，沒有問題，什麼時候下課？」爾後再上課，學生們都愈坐愈後面……。「被動式」的擲筊，如果不系統性兼邏輯性地問問題，神明怎麼給你三個聖筊？

二〇一九年初有幸參與王崇禮老師在宗天宮的開班授課，學習了邏輯推論法門，體會到道教智慧的深刻奧妙。在我以往的粗淺概念中，擲筊有二個聖筊（聖杯）代表答案很接近，如果三個聖筊一直出不來，代表可能我問錯方向，但千想萬想就是不曾想過自己沒有做邏輯推論、系統思考！

邏輯推論法門為大眾解答問出三個聖筊的方法；依我對本書的認知，它不是教你硬性強求三個聖筊，而是教你讓神明「不得不」給你三個聖筊——只要推論問對方向且方向合乎邏輯。本書即將帶你進到擲筊邏輯推論法門的殿堂，讓你真正知道自己所問為何？為何而問？當我還沐浴在書中的邏輯推論法門及精采佐證案例故事時，王老師的Line敲了我一下：「兄弟，宗天法門共有四大法門，除了邏輯推論法門，之後還會進一步教扭轉乾坤法門！」這消息實在讓人期待又興奮，就像是看了好看的電視劇不想進廣告那樣，讀者們要不要也來體驗體驗這種心情呢？

——林宏濱，樹德科技大學休閒與觀光管理學系副教授

我的學生問神達人王崇禮博士今年完成這本高難度、有深度的《神啊！教我如何把二個聖筊問出三個聖筊》進階問神指南啦！最難能可貴的是，他只用一個月又五天完成——撰寫這種高難度的書，若沒有上天賦予問事與建廟的天命，是很難在這麼短的時間內完成的！

我用一週的時間仔仔細細把這本書看一遍，愈看愈覺得不可思議、愈看愈覺得臺灣道教問事需要這本書，書中傳授「宗天邏輯推論法門」的系統思考法及其時機辨識法等重要輔助技巧，是我活到這麼大歲數都未曾見過的。我實在很高興、很欣慰王崇禮博士能夠有這種非凡的智慧，並運用這種非凡智慧留給後人永恆的經典。真是任重道遠，難得，難得啊！

在王崇禮博士提到他即將閉關寫書時，我便知道凡是神明交代他要閉關著作的，必定是重要經典——端看他是否能真正發揮非凡的智慧去領悟上天與宗天宮神明的傳授，進一步將深奧且不可思議的法門付諸文字，讓讀者一目了然。如今，拜讀整本書後，我不得不感歎：他真的做到了！他真的把神明教授的法門運用到淋漓盡致，非常不可思議啊！

十分開心王博士能遵照宗天宮神明指示順利出版新書，這是臺灣道教空前未有的一本問事教科書，一定能流傳後世，讓更多人有學習的規範——臺灣的道教問事文化層次就要提升了！不過，教學也不能只憑藉文字敘述，希望王崇禮博士能盡快籌備開班授課，整合面授與口授再搭配教科書，更能幫助學習者迅速吸收。最後，再次恭喜這本能改變宗教問事文化歷史的偉大巨著出版，宗天法門已經開始為道教的問事文化燃起一盞光明之燈。

——**涂水樹老師**，問神達人的老師

王崇禮博士是台灣首廟天壇經董事會決議通過並向玉皇上帝稟報再擲筊認定的宗教顧問。由玉帝認可的宗教顧問，必定是專業學識涵養頗豐之學者，這點無庸置疑。

認識王崇禮博士多年，在我心中，他是位秉持正道、正統的道教人才，自二〇一四年創建宗天宮以來、數次與台灣首廟天壇接觸合作的過程中，我深刻體驗到王博士謹慎的問事風格，以及其所屬志工團隊的素養，不但傳遞了宗天宮自度而後度人的理念，也發揮道教兼容並蓄的良善精神，令人欽佩！我很榮幸也很樂意為王博士的新書寫序，看完書中內容，對擲筊問事的邏輯推論法門感到萬分驚艷，它完全解答了來往各大廟宇的信眾們擲筊時的疑惑！

台灣首廟天壇信眾來自十方，除了點香稟報所求，自然也希望能如願、順利得到三個聖筊。「玉皇上帝會不會給我三個聖筊？」「為何我一直求不到三個聖筊？」「還是我不要再擲筊了？」「直接抽籤詩可以嗎？」有很多情況都是信眾以自己的猜想去做推測，這讓我心中不禁升起一絲意念，如果有如何擲筊問神明的法則或教科書供信眾翻閱，該有多好呀！

觀察坊間眾多道教書籍，尚未見過如此系統邏輯且精闢的將擲筊過程完整呈現的著作，在這本擲筊教科書中，王博士利用閉關時神明傳授的邏輯推論法門，將擲筊科學化，不只去除了人性常犯的「自我感覺良好」干擾因素，也驗證了只要問對方向、方法，得到神明應許三個聖筊並不困難，可以讓人不再對擲筊得不到神明答案而失落。

炎炎夏季，往川堂望去，在首廟天壇參拜的信眾絡繹不絕，跪墊上一直有信眾擲筊時滴下的汗水。上天慈悲，首廟一字正道的牌匾上訴說著幾百年來信眾與諸神明的精采問答過往，王博士新書問世，有助於導正信眾擲筊的觀念，也將造福許多對擲筊困惑的人們。本人十分推薦，並祝福各位從中領略擲筊奧妙，在向神明擲筊的無聲對話裡，順利從二個聖筊得到「有聲」的三個聖筊！

除了強烈推薦有在擲筊問神的人熟讀本書，以從中學到豐富且不可思議的邏輯推論及系統思考，接下來台灣首廟天壇也會邀請王博士開設一系列極專業且有深度的問神課程，請拭目以待。

——**徐國潤董事長**，臺南市財團法人台灣首廟天壇董事長
中華醫事科技大學名譽董事長
六信高中董事長
亞洲餐旅學校董事長
大安化學製藥董事長

我的學生問神達人王崇禮教授的新書終於要出版了，說它是問神教科書一點都不為過。當王崇禮教授開始閉關寫這本書，幾次與我討論宗天宮神明在夢中教授法門的過程時，我就知道神

明要他寫的這本書相當深奧，也相當困難，因為這是一本實務與理論結合的問神教科書，要寫出這樣一本問事法門，沒有二十年以上的問事經驗是絕對寫不出來的——這種經驗是面對及處理過相當多各類型複雜案件，進一步產生的智慧結晶——沒有神明的加持與灌頂，加上王崇禮教授本身深厚的文學造詣、高強的邏輯和系統整合能力，是辦不到的！

很高興我從民國八十五年就一手調教的學生，不可思議的在短時間內寫出這麼一本書，真令人驚訝，也看得出他問事經驗之豐富，才能胸有成竹而倚馬千言，我實在相當高興和慰藉。此刻我的心情正所謂：「師不必賢於弟子，弟子不必不如師；青出於藍勝於藍，江山代有人才出。」

雖然我的年紀大了，但還是記得很清楚，當時港口宮媽祖一直交代我要好好調教王崇禮教授，更特別提醒我這位年輕人將來任重道遠。當時我覺得很奇怪，媽祖三天兩頭就提醒我這些話，是怕我忘記了還怎樣？二十三年前我不是很清楚，但在二十三年後的今天，我終於知道媽祖的用意了！反覆看了本書幾遍，我深深覺得它不只可以幫助信徒擲筊問神，更可以幫助神明——讓祂們的意思真正被信徒完整無誤的問出來，而避免神意被斷章取義、以偏概全。

很開心石破天驚的《神啊！教我如何把二個聖筊問出三個聖筊》要出版了，臺灣道教系統真的需要這本書來提升問事的層次及程度，更重要的是，它還可以改變以往人們對道教問事根深蒂固的刻板印象。本書真的是一本問事教科書，然而身為老師，不忘孜孜不倦的提醒學生，學海無涯，學習應永無止境，必須以勤為舟，時時刻刻不停划動雙槳，方能達到目的地。期待王崇禮教授能夠再接再厲，把宗天宮神明所教的四大法門一鼓作氣完整呈現，定能幫助到無數冥陽眾生。

——**張木中老師**，問神達人的老師

人一輩子生活的基本為追求身、心、靈的健康，個人認為「靈」不只有個人的靈性和靈魂，廣義來說也包含與天上眾神及其他靈界之間的關係——除非您是無神論者。

大家都稱王崇禮老師為「問神達人」，我認為他更像一位醫者——在人間的「神靈醫者」，如同一位醫術高超的中醫師，「望、聞、問、切」加上嚴密的系統邏輯，讓媽祖及眾神的法力能替眾生解決問題。

個人從小在臺灣宮廟文化中長大，相信眾神及冥冥中的有形無形靈體，又因理工科學歷而重視科學及邏輯的思維，幾年前因緣際會認識王崇禮老師，在廟裡首次親身體驗前所未見的邏輯性與科學性問事，顛覆我的傳統認知並留下深刻印象，更深深為媽祖及眾神的慈悲而感動。

王崇禮老師出身自教育學界，身負教育使命，這次非常無私的將宗天宮媽祖與列位眾神親授的法門分享出來，透過系統性的整理與歸納，將宗教玄學轉化為更邏輯與科學的推論與思考。個人認為，本書除了宗教問神，也融入王老師在行政管理的專業學識，因此書中所述的觀念也可以成為個人在工作事業、做人處事上的方法及運用——這點希望各位讀者大德能多多用心體會及思考。

本書的主要論述放在「宗天邏輯推論法門」，強調問神必須具備思考能力——不能茫然或太迷信，一定要學習思考，從每個獨立因子找出關聯性問出問題點，最後再運用交叉比對與反向推理，驗證其結果的合理性。這一整套系統性邏輯問事，和企業經營管理法則道理是一樣的！

更有趣的是，王崇禮老師在推廣宗天法門的同時，以自己長期豐富的問神辦事經驗與崇禮式幽默，透過姻緣、買房、創業、身體、擇日等不同的實例，讓讀者能瞭解問事在實務上的運用，宛如戴上AR般，帶我們走進身歷其境的虛擬體驗。尤其建議讀者大德們從實例中細細體會王崇禮老師問神辦事過程中注意到的小細節，正因為王老師是一個非常注意細節的人，才能將問神辦事做到極致——正所謂「魔鬼藏在細節裡」，神蹟也隱身在細微的徵兆裡。

個人也常與公司的同仁勉勵，遇到困難一定要學會思考，不要第一時間就仰賴從別人身上問答案，這是一種訓練獨立思考、提升邏輯組織力而自我成長的好機會。如果在職場上能養成這樣的態度，也就具備經營者的特質，當你累積更多實戰經驗，就擁有強大的大數據中心，提升決策與危機處理的能力，相信無論是人生、事業都能迎刃而解，創造全新的風貌。

人在不同的人生階段，會遇到不同的難題與抉擇，這就是人來到世上的功課與修練，如果能保持冷靜找出問題癥結點，進而解決問題，甚至預測問題，在自助而得天助的道理下，相信將能打開人生的康莊大道，並且再創巔峰。此外，也將有能力幫助別人解決問題、結善緣。

最後，仍要讚歎王崇禮老師問神辦事的功力，這一身功力的養成絕非一朝一夕，本書就像一本醫學書籍，讓有緣的讀者大德更瞭解問神辦事的狀況，當然，需要幫助時還是要找「問神達人、神靈醫者」王崇禮老師，而有志於為神明辦事、服務眾生的讀者大德，也要跟對老師學習——找到像王崇禮老師這樣的「上醫」，正所謂「上醫醫未病、中醫醫欲病、下醫醫已病」，將問神辦事做到極致來服務眾生。

——**張登凱**，深超光電有限公司董事長

期盼已久，問神達人王崇禮老師的新作終於要出版了。拿著熱騰騰的初稿，迫不及待地想知道他這次要告訴我們什麼新概念，拜讀完後，深深覺得這是本生動實用的問神知識與技巧的進

階書，在此誠摯推薦給各位讀者。相信瞭解正確擲筊流程的讀者，都跟我一樣有類似的經驗與困擾，在擲筊問事時，有時擲出二個聖筊後，卻不知該如何從神明提供的已知線索中繼續往下問，以求順利擲出三個聖筊。雖然知道要依循二個聖筊所提示的大方向再繼續提問，但往往因無法馬上順利擲出三個聖筊而自亂陣腳，思緒慌亂地問出偏離方向的問題，導致遲遲無法問出答案，終在疲憊之下放棄問神。

王老師說：「信徒的困擾，神明都知道。」慈悲的神明為了解決信徒們的困擾，特別傳授王老師擲筊問事的「邏輯推論法門」，推廣給廣大信眾而提升大家的擲筊問事能力。

看完本書，我發現在問事過程中，神明之所以會只給二個聖筊，往往都是神明在審視信眾的問題時看到的面向比當事人更深、更廣。為求完整解答信徒問題，神明只出二個聖筊，就是希望讓當事人能暫停下來，對問題的本質再進行更深入的思考，讓神明有機會能面面俱到的指示信眾。

以往王老師的各種問神著作都很強調邏輯推論的合理性，這本新著更是如此。書中，王老師針對向神明擲筊問事可能遇到的卡關狀況，提供許多解決技巧，例如系統思考法及其時機辨識法、反推法等輔助技巧，此外還有檢視擲筊準確性的評判性思考，讓讀者可依循這些方法順利且正確的擲出三個聖筊，並且讀對神意。建議未來讀者跟神明擲筊問事時直接把書帶在身上，擲筊卡關時趕緊翻閱，讓問題迎刃而解。

此外，新著的一大特色是案例分析特別鉅細靡遺，從王老師對問題的分析與推論，到每一次問題的問法擬定與修正，以及最後的擲筊結果與解釋，都很詳盡的完整交代，讓人身歷其境，彷彿就置身在宗天宮觀看問事過程一樣。我個人常被這些意想不到、精采絕倫的案例分析所吸引，忘了仔細思考書中的重要教學內容，所幸王老師在每個案例分析的最後都會進行「總結探討」，提示教學重點，真是用心良苦。

擲筊問事要順利擲出三個聖筊並非易事，有時得到二個聖筊，神明旨意就要呼之欲出，卻往往缺那臨門一腳而只能望「筊」興歎，令人沮喪不已，而王老師的新著就是替神明幫大家解決這個難題。我相信，只要學會運用書中的邏輯推論問事法門，便能在整個擲筊過程中正確掌握神意，最後順利擲出三個聖筊。想要提升擲筊問事能力的讀者們，這本結合神明智慧與王老師經驗的擲筊問事寶典值得你品閱珍藏，不容錯過。

——**莊文議**，國立臺灣大學財務金融學系副教授

無法連續擲出三個聖筊，相信是許多擲筊問神過的讀者們的共同經驗。沒有三個聖筊，等於向神明問的問題沒有得到解答，著實令人苦惱。問神達人王崇禮老師再次閉關苦學，將神明所傳授的「邏輯推論法門」擲筊問神技巧，化為文字而寫成這本《神啊！教我如何把二個聖筊問出三個聖筊》，希冀能為大家解決無法順利擲出三個聖筊的困擾。

本書特色在於由淺入深，從擲筊的基本觀念「三筊定律（三杯定律）」，到進階的各種邏輯推論思考法則，王老師以循序漸進、深入淺出的方式，輔以不同類型的真人實事案例說明，讓讀者能輕易理解這些千變萬化的技巧，並內化所學運用於未來擲筊問神之中。

要連續擲出三個聖筊並非易事，大多數人在連續擲出三個聖筊後，總有如釋重負之感，感謝神明賜予心中問題的答案，殊不知有時事情並非我們所想的那麼簡單。這本書令我感到驚奇的部分內

容，就是為什麼擲出三個聖筊不代表問神已經結束，因為不合理的三個聖筊背後可能隱藏更大的玄機。在書中，王老師特別諄諄教誨，教導大家如何思考三個聖筊的神明指示究竟合不合理，以求正確解釋神意。完成這個最後步驟，擲筊問神才算功德圓滿。

最後，再次誠懇推薦各位，欲徹底學會擲筊問神技巧，王老師這本新著就是您的最佳選擇！

——**陳文貴教授**，國立臺南護理專科學校校長
中山醫學大學副校長
臺灣長期照顧教育學會理事長
中華民國專科學校教育聯盟理事長
臺南市政府市政顧問
臺中市政府市政顧問

問神達人王崇禮教授又出書了！有幸再次先睹為快，快哉，快哉！《神啊！教我如何把二個聖筊問出三個聖筊》是王教授繼《神啊！我要怎麼問你問題？》、《神啊！你到底在幫我什麼？》、《神明所教的六十甲子籤詩解籤訣竅》、《問神達人雷雨師一百籤詩解籤大祕訣》、《解夢經典》、《問對了！神明才有辦法幫你DVD＋問神筆記》等暢銷書後又一力作，讀者千萬不能錯過。

問事是一門科學、藝術，亦融合理性、哲理、人文和感性的宗教行為，要悟得神明旨意是有方法的，例如需要系統性的思考、邏輯推論及整合能力等。本書秉持遵照神明旨意及符合真理、常理

及邏輯性之大原則，是本理論與實務兼具的進階問神教科書，也是符合大眾需求的世間好書，因為只要有擲筊請示神明過的人，一定會遇到擲到二個聖筊後問不下去的狀況，王教授這本書能讓我們這些人豁然開朗——原來問神這麼科學，並且正確問出三個聖筊是有方法的！

本書是王教授再次閉關四十九天所寫成的進階版問神指南。眾神所教授之問神方法統稱為宗天法門，當中包含四個法門：⑴邏輯推論法門；⑵扭轉乾坤法門；⑶增長福慧法門；⑷庇蔭子孫法門；本書主要教授的，是如何問出真正問題點的「邏輯推論法門」，其他三個法門則是擇期出版，主要因為「先消除信徒內心的擔憂與罣礙，讓內心平靜下來而無後顧之憂之後再傳授真理」。

這不無道理，唯個人認為眾生健忘，在解決當下的問題後，人們接近神佛或真理的動力就消失了，故其他三個法門若能一起循序漸進同時修行，讓四個法門共同產生功效，那就更好了。期望王教授快馬加鞭、一鼓作氣，把其他三個重要的宗天法門補齊，讓這世上的困苦、不幸的人或家庭得以重見光明。

——**曾宗德教授**，樹德科技大學通識教育學院院長

Part1 必學！問事精準無誤的邏輯推論法門

一帆風順且平安無事的人不太會來問神明，一定是在人生中遇到問題或困難，才會來請神明指點迷津。因此，問事的當務之急是先找出問題和解決問題，這一代的問題解決後，如果希望下一代子孫不會再發生相同問題，且能夠一代比一代進步，讓這個家更興旺，那就要想辦法改命造運。宗天四大法門就是教授大家「邏輯推論」找問題、「扭轉乾坤」解問題、「增長福慧」救人生、「庇蔭子孫」佑後代的四大途徑。本書以傳授邏輯推論法門為主，也會帶到一小部分扭轉乾坤法門。

Part2

運用系統思考，問出背後問題

▼使用系統思考必須要符合邏輯——有相關聯 052

▼什麼是系統思考？ 054

▼系統思考的相生與相剋 055

神明想讓你知道的天機：神明托夢所教的時機辨識法 057

出現二個聖筊的時間點範圍就是玄機之處

時機辨識法是我們在運用系統思考法時很常用到的一個技巧，系統思考教我們去考慮：要成就一個人、一件事、一個物的所有因素，在這些因素當中，「時機點」是一項關鍵要素，而且神明比人看得透徹，所以俗語才會說天時、天時。時機辨識法這個輔助技巧特別實用的地方，在於它不只用在問出「天時」、「時運」，還可以用來「抓欠點」！

▼瞭解「擲筊跳動所顯現的聖筊數」的意義 058

▼系統思考技巧1》一定要學會「時機辨識法」 060

▼釐清上、下半年各得兩個聖筊所代表的玄機 069

案例1》姻緣時機問法篇：當時機辨識法問不出三個聖筊時 075

用系統思考找比「姻緣時機」更重要的事

正常來說，在使用時機辨識法的時候，不會整整一年的時間點範圍都沒有任何時機點，若出現這種情況，很大的可能性是背後隱藏有「比時機點更重要的事」，如果不問出來，就

Part3 擲筊問事不是得出三個聖筊就好

案例6》錯誤三個聖筊問法篇2：你確定這是神明指示的？　236

評判性思考是邏輯推論法門的第二精要，主要是為精準問事設下第二層保障——提出四個檢視指標，進一步確認我們問到三個聖筊的這個答案是否合理、合常態和合邏輯。邏輯推論法不只教大家如何問出關鍵問題，還能檢查問出三個聖筊的過程有沒有出錯——這個錯誤，有時是人為造成的（例如問法不對、解錯神意……），有時背後可能還有更大的隱情！

感謝

Acknowledgement

誠摯感謝——

我的家人；我的老師張木中老師、涂水樹老師；宗天宮委員及志工團隊；嘉義東石笨港口港口宮；台灣首廟天壇；高雄梓官城隍廟；臺南南鯤鯓代天府

屏東萬巒宗天宮能夠在民國一〇四年從一開始的眾人捐地、興建臨時宮，歷經四年，一直到今年民國一〇八年主廟體正式動工興建，以及我的新書《神啊！教我如何把二個聖筊問出三個聖筊》出版，首先要感謝台灣首廟天壇上蒼玉皇上帝、東石笨港口港口宮天上聖母眾神、南鯤鯓五府千歲眾神、高雄梓官城隍爺眾神的幫忙，沒有上天與眾神明的幫忙，要完成興建廟宇這種艱鉅的任務，難度可以說是非常之高。所以，在此誠摯感謝上蒼與眾神明在背後的支持與相助，宗天宮沒有讓祢們失望。

接下來要誠摯感謝我的父母親、家人、我的太太、小孩的支持與鼓勵，包容我幾乎沒有多餘的時間兼顧到家庭責任，讓我無後顧之憂繼續輔佐神明濟世救人。在此，感謝你們。

非常感謝我二位老師張木中老師、涂水樹老師，在我開始動筆撰寫這本書時，灌輸我多元法門思考方向，使我突破對以往宗教的舊有思維。在此，誠摯感謝我的二位老師。

誠摯感謝宗天宮志工、委員、師兄姊

宗天宮只在星期六或日有問事及辦事，所有志工都必須犧牲掉個人的休假、休息及家庭時間，風雨無阻、情義相挺到宗天宮義務幫忙，這種無私忘我、不求名利回報的上善精神，非常難能可貴。在此，誠摯感謝大家。

誠摯感謝名主持人于美人女士、陳雅倉師兄、宗天宮慈善功德會理事長林宏濱委員、執行長王光啟委員、祕書長吳蒜安委員、沈佳蓉委員、陳文雀委員、莊絢安委員、陳萬忠委員、沈尹婷委員、蔡麗茹委員、黃省得委員、黃怡華委員、鄭明忠委員、鄭文聲委員、陳燕輝委員、林姿秀委員、黃如玫委員、陳竣陽委員、黃馨媚女士、鄭敏君女士、劉天寶先生、張坤明先生。

誠摯感謝高雄梓官城隍廟

誠摯感謝主任委員蔡焙璋先生、陳美雲女士、陳豐盛先生、吳明清先生、吳彥宏先生、蘇震輝先生、劉肇樑先生。

誠摯感謝台灣首廟天壇

誠摯感謝董事長徐國潤先生、副董事長卓永崇先生、董事會祕書陳淑鈴女士、董事夏清水先生、常務董事鄭智元先生、常務董事陳炳臣先生。

前言

擲筊問事不卡關

知道怎麼問神明問題，是問事基礎中的基礎，基礎打不穩，不是問很久都問不出答案，就是問錯答案導致處理方式錯誤。然而，請神明指點迷津，是很難一下子就問到三個聖筊的，因此，我們必須看懂神明所賜聖筊數所代表的意義，不斷的修改問題，一步一步請示神明！根據我二十三年擲筊問事的經驗，你問神明一個問題，出現的聖筊數機率大約是：

▼一個或沒有聖筊的機率是六十％左右。
▼二個聖筊的機率是三十％左右。
▼三個聖筊的機率是十％左右。

在擲筊向神明問事的過程當中，每一百個人裡面「一定」會有一百個人遇到一個聖筊或沒有聖筊的情況，也同樣會碰到再怎麼問都只出現二個聖筊而沒有三個聖筊的情況——實際情況就是，我們很難一下子就馬上問到正確答案。只擲到一個聖筊或沒有聖筊時比較好辦，就是換另外一個問題問，然而，絕大多數的人只要遇到二個聖筊就不知道該如何繼續問，才能得到神明賜予三個聖筊。這種情形真的很普遍，是大多數人問事時的共同困擾！

那麼，為什麼會有擲筊問事問到卡關而無法繼續問下去的情形出現呢？這是因為在「擲筊的竅門」、「思考的方法」、「邏輯的推論」與「整合的能力」這四項重要關鍵要素當中，你可能缺少了當中的一項——甚至是全部都缺少。

突破瓶頸，從二個聖筊問出三個聖筊

在這本新書當中，我要公開閉關時宗天宮媽祖教導我成為一位頂尖問神達人的重要課程之一，那就是「宗天法門」。宗天法門是世上獨一無二且絕無僅有的法門，不僅僅有助於我們提升思考能力，更可以運用在擲筊問事的過程當中；不管遇到多困難、多複雜的案件，都能夠引導我們去對問題抽絲剝繭，讓案情真相大白，進而讓前來求助、遭受困苦的人得以重見光明，並且扭轉或改善他們人生——這便是宗天宮建廟的三大宗旨之一：推廣教育。

雖然人在做一件事並且想要在那件事情有所突破時，難免會遇到一些瓶頸，但如果你能夠堅持不懈、想盡辦法去突破，不只會讓自己進步神速，甚至還會提升到連你自己都難以想像的境界——我相信，那些在各領域曾經排名世界第一的頂尖人物，一定都經歷過很多瓶頸，只是他們都打通了瓶頸，為自己創造了人生的高峰。

相對的，如果你面對瓶頸的態度不是找辦法去突破它，甚至認為維持現階段的狀態或程度就足夠了，那麼，你的能力或成就將止步於此，這輩子都無法成為一名世界頂尖高手。或許過了一段時間，你警覺到有很多人超越了你，開始心生危機感而想要找方法自我提升，雖然我認同「只要願意改變、求進步，就不會太晚」，所以不會說你無法到達頂尖的境界，不過，也許此時你已經錯過自己的黃金時期，當年齡、體力、身體狀況、心理素質都已經在走下坡，奮發圖強起來難免會更加的辛苦……。

再次閉關七七四十九天

這世間，許多真理都是相通的，可以運用在很多事情上，在問事的領域也同樣如此。雖然承蒙大眾的信任、被大家稱為「問神達人」，但我在宗天宮與梓官城隍廟問事，當然還是有遇到瓶頸的時候！那些異常複雜難解的案子，我至今仍然記憶猶深，雖然最後都順利解決了，但卻真的花費很多的時間和心力，才幫助到信徒，圓滿解決所遇到的問題，而在處理案件的期間，信徒往往都需要來回奔波，如今想起來，真的為他們的辛苦感到心疼。

每每遇到這樣的案子，我都會忍不住反思：一定得要想辦法再提升自己的問事功力，這樣不只能減少信徒來回奔波的次數，又可以在最短的時間內幫信徒圓滿處理問題，讓他們盡早安心、內心得到平靜、家庭恢復平安。

只不過，光靠我自己要怎麼進修，才能夠提升到這種境界呢？

一天，在這個心願的督促下，我終於點香跟宗天宮媽祖稟報。天助自助者，也許是媽祖很認同我有想要提升自己問事功力的積極態度，就托夢指示我：要安排好時間再一次進行閉關，而這一次閉關仍需要持續七七四十九天。

神明托夢考試「邏輯推論法門」 P057～112

說真的，閉關真的很辛苦，但為了提升問事功力，非得咬牙堅持撐過去不可。閉關之前，我對自己打氣說：「只要撐過這四十九天，突破了這個瓶頸，雖然不一定可以成為世界第一，但是我深深相信，我的問事功力絕對會比現在更加的進步，而且還是進步神速，甚至還會達到我無法想像的境界！」

看到這裡，大家應該都知道了，本書不只是要教大家如何精準擲筊問事，更要傳授閉關時神明教我突破瓶頸、讓我問事功力大大提升的方法與訣竅，希望大家都能好好去體悟並融會貫通，假以時日，你們的問事功力也一定會更進步。

Part 1

必學！問事精準無誤的邏輯推論法門

神明傳授四大宗天法門

邏輯推論法門、扭轉乾坤法門、增長福慧法門、庇蔭子孫法門

還記得，在閉關第三天當晚的夢境裡，神明特別交代我說：「弟子，如果想要在問事上達到精準無誤的境界，就非得學會一種法門，這法門不只充滿無上般若大智慧，更包含著大覺知與大覺悟之證果，希望你要用最大的心思去體會與學習。一旦能融會貫通，你的智慧會馬上迅速攀升。智慧攀升了，問事功力與精準度自然就會發揮得無懈可擊。知道這是為什麼嗎？因為這法門的引導會讓你的所思、所想、所為都跟別人不一樣，如此不斷日積月累，假以時日，你問事與辦事的思維就會非常人所能想像。記住，這法門就稱為『宗天法門』。」

神明這段諄諄教誨，我到現在都記憶猶新，不敢有一日忘卻它。現在，我就要把金錢買不到、其他書籍也學不到的宗天法門公諸於世，殷殷期盼後代有心學習問事者或輔佐神明濟世救人的神職人員，都能因而智慧、功力更上一層樓，更希望這樣的學問能**進一步提高宗教問事的文化，讓這個優良且神聖的宗教行為不再只有頭痛醫頭、腳痛醫腳的照本宣科模式**——相同的，傳授這獨特法門也是宗天宮建廟的宏觀願景。

現在，讓我們回到主題，關於「法門」這個名詞，基本上有三種意思：

(1)王宮的南門。所謂「南門者，法門也」，古時候，天子、諸侯都是南面而治，所有法令要宣達，都從南門出入，所以，「南門」又稱「法門」。

(2)修行之人入道的門徑。

(3)途徑、方法。

宗天法門有四大主要法門：

(1)邏輯推論法門。

(2)扭轉乾坤法門。

(3)增長福慧法門。

(4)庇蔭子孫法門。

如何在問事中找問題與解決問題的法門——邏輯推論法門、扭轉乾坤法門

宗天宮的宗旨之一，就是希望能為信徒略盡棉薄之力，協助遇到困難的人們問事與解決問題，

而問事與解決問題非常需要大量的邏輯思考能力。現在你正在讀的這本新書，主要就是要傳授大家「邏輯推論法門」（問事的法門），並帶到一些「扭轉乾坤法門」（解決問題的法門）。至於「增長福慧法門」與「庇蔭子孫法門」，則不會在本書多作著墨。

也許你會問我為什麼，其實，閉關時媽祖教導過我一個道理：人一旦遇到困境，大多都會急迫的希望先解決掉眼前的困境；所以，只要困境還在、沒有解決，大道理說再多，我們的心都不太可能靜下來聽，因為我們的心裡還抱持著太多的擔心與罣礙——唯有先消除人們內心的擔憂與罣礙，讓心平靜下來而無後顧之憂後再傳授真理，才是上上之策。

如何讓家運由衰轉旺，再開啟後代子孫智慧的獨特法門——增長福慧法門、庇蔭子孫法門

至於「增長福慧法門」與「庇蔭子孫法門」，則是非常殊勝且不為人知的祕法，神職人員若能夠徹底通透並學得如何正確執行，不只可以幫助人們的運勢從黯淡轉為光明，更有機會讓當事者的整個家運及後代子孫更加昌隆。

大部分的人都不知道要如何運用自己這輩子做過的功德；為善不欲人知是美德，我們不必到處宣揚自己的善行和善心，不過，慈悲的神明卻會默默的幫信徒把這些功德、陽德、陰德稟報給上天、地府，讓這些功德、陽德、陰德永遠登記於功德簿，最後再幫助信徒把這些功德、陽德、陰德用於庇蔭信徒本人及迴向給祖先與子孫後代，使信徒的家運得以受到上天的護佑，由衰轉旺。

在閉關的時候，宗天宮的三官大帝——天官紫微大帝、地官清虛大帝、水官洞陰大帝——就特別教導過我說：「改造命運不是不可能，只是需要有多方面的因緣俱足，至於要如何讓這些因緣俱足，關鍵就在『增長福慧法門』與『庇蔭子孫法門』這二個法門裡。弟子，你要學起來，將來如果遇到⑴一生命運坎坷乖舛者、⑵家中運勢一直衰敗不振者、⑶一生遇人不淑者、⑷兒女不孝攻擊父母長輩者、⑸一家多人為精神障礙者、⑹一家多人為肢體障礙者、⑺一家多人為智能障礙者、⑻一家多人遭受橫禍死亡者……等的案子或情況，就可以用上這二個法門。記住，這二個法門的精髓與奧妙之處，在於必須由神明直接出面稟報上天、地府，這事只有神明做得到，並不是人力可以為之的。至於神明要如何直接出面稟報上天和地府、需要準備什麼東西、需要進行哪些儀式，你現在就一一記下來……」

四大宗天法門要教我們什麼？

不可思議的四大宗天法門，是宗天宮的天神及神明所教，而且就像「系統思考」P052的定義一樣，這四個法門若能一起發揮功效，信徒及後代子孫將能有不一樣的路走。

⑴**邏輯推論法門**（即本書主要內容）：擲筊時如何思考問題、如何檢視所問的問題，讓擲筊得到的結果可以精準無誤，當中的各種技巧和眉角將在後面章節一一分享。

(2)扭轉乾坤法門（本書暫不詳談）：閉關時媽祖教我：「弟子，教你邏輯推論法門之後，接下來就要教你下一個法門：『扭轉乾坤法門』。這個法門要教你如何幫助信徒從困境、低潮、絕望的谷底中走出來，然而，扭轉乾坤法門不只能助人走出谷底，還能助人一路往上走，到達根據信徒本身福報該到的高度——這才是扭轉乾坤法門的精髓。此法門不只能運用在本身運勢上，還能運用在事業、身體、學業、婚姻、感情、財富等方面。然而，要把扭轉乾坤法門運用自如，邏輯推論法門一定要先學會——甚至可以說，其他三個法門要運用自如，都一定要用到邏輯推論法門。總之，弟子你一定要好好的把扭轉乾坤法門的精髓參透跟融會貫通，讓困苦之人得以重見光明。」

(3)增長福慧法門（本書暫不詳談）：增長福慧法門、庇蔭子孫法門，這二個法門是宗天宮的三官大帝、南斗星君、北斗星君、文昌帝君、地藏王菩薩教我的獨特法門。首先談增長福慧法門，當神職人員想幫助信徒從命運多舛的谷底中爬出來，再一直繼續往高處攀升時，他可以爬到多高、走得多遠，得視其福報跟智慧而定。具體而言，缺少了福報，或許只能到達半山腰；缺少了智慧，就不知道要如何才能到達半山腰了。換句話說，若能夠具備福報與智慧，攻上山頂到達巔峰也就指日可待了——而增長福慧法門就是宗天宮的天神要幫助信徒增加自己的福報與增強自己的智慧，讓人生的道路跟以往完全不一樣。

(4)庇蔭子孫法門（本書暫不詳談）：庇蔭子孫法門則是增長福慧法門的延續；我記得很清楚，閉關時三官大帝、南斗星君、北斗星君對我說過：「弟子，你要注意，有些人一生命運坎坷乖舛、家中運勢一直衰敗不振、家中多人官司是非不斷纏身、一生遇人不淑、一生感情皆淪為第三者、兒女不孝攻擊父母長輩、一家多人為精神障礙者、一家多人為肢體障礙者、一家多人為智能障礙者、一家多人遭受橫禍死亡……，這些人背後都有一段相當辛酸的過去。庇蔭子孫法門就是運用來杜絕這種悲傷的情形再次循環與輪迴到後代子孫，甚至能夠幫助信徒植陰福田、陽福田給予後代子孫，讓子孫得以光宗耀祖、光耀門楣。」

先學會問問題，再學如何解決問題

閉關的時候，宗天宮的天官紫微大帝對我說：「弟子，邏輯推論法門是一種提升你智慧、思考、邏輯能力的重要方法，能夠幫助你問事問到精準無誤且出神入化，而扭轉乾坤法門是提升你處理問題與解決問題的能力——只要你能夠幫信徒處理問題與解決問題，自然就可以扭轉信徒的坎坷命運，所以你一定要學會這二個法門，而這二個法門的學習先後順序是——先學會邏輯推論法門，再學扭轉乾坤法門，只要學會這二種法門，接下來要執行增長福慧法門與庇蔭子孫法門這二個法門時就會萬無一失。」

對於天官紫微大帝如此特別的提醒，我感到很好奇，就問祂：「為什麼？我比較想提升處理問題與解決問題的能力耶……。我可以先學扭轉乾坤法門，然後再學邏輯推論法門嗎？」

天官紫微大帝不認同我有這樣的想法，祂很慈祥給了我否定的答案，指出這樣的學習順序正好顛倒，會容易出錯。

為什麼呢？

其中的道理是這樣的：

(1)當問事問出來的答案是錯的，處理與解決問題的方向一定會跟著錯；而一旦處理與解決的方向錯了，再怎麼解決也不可能有效果：問事時，我們要先有精準無誤找到「病根」的能力，才有正確的能力去決定要開什麼處方——絕對不是先學開處方，然後再學看病，這樣很容易因為看錯病而導致開錯處方，甚至出現開的藥方根本不是用來治療這個病症的情況。

(2)學「扭轉乾坤法門」而不學「邏輯推論法門」的人沒有思考能力，照本宣科容易自誤誤人：一個問事者若不知道這個問題究竟對不對，反正就照本宣科——拿著教科書照唸、照做——這簡直是一點思考能力都沒有！我們要協助自己或他人解決問題，就得明白每個人的問題和情況不會完全一樣，如果一個問事者覺得有「照本宣科」的程度就夠了，那麼只要是神明，都會勸你不要學，免得自誤又誤人、害人又害己。

(3)只學「邏輯推論法門」而不學「扭轉乾坤法門」，等於只會幫信徒找問題，卻沒有能力幫信徒解決問題。

(4)想要成為一個頂尖的神職人員，就要讓自己具備既能夠幫信徒精準無誤的找出問題，又能夠幫信徒圓滿解決問題的能力。

在聆聽宗天宮天官紫微大帝這番教導的當下，我就已經立下志願：我一定要成為一位頂尖的神職人員。

同樣的，我真心希望有意成為神職人員協助信眾問事的讀者，都能夠從這本書獲益，將來成為既有能力幫信徒精準無誤的找出問題，又有能力幫信徒圓滿解決問題能力的人，這也是本書最核心的價值，更是宗天宮建廟最大的宗旨之一。

本書要傳授大家能夠問出真正問題點的「邏輯推論法門」

然而說實在的，一本書真的無法寫出這麼多東西，所以，本書主要仍以傳授邏輯推論法門為主要宗旨，讓大家先知道如何問出真正的問題點。雖然當中也會帶到一點扭轉乾坤法門，但基本上扭轉乾坤法門、增長福慧法門與庇蔭子孫法門這三個法門，之後會另有書籍再來細細詳談，或是將來宗天宮興建完成後開班直接傳授，這樣才會更加詳盡，效果也才會更好。

接下來，我們就要正式進入邏輯推論法門的教學，我在書中會搭配真實案例來解說，這樣大家在學習這個法門時才能瞭解得更清楚，吸收效果也會更好。

邏輯推論法門
提升智慧、思考、邏輯、整合能力
使問事精準無誤出神入化的法門

評判性思考 P236

檢視三個聖筊有無錯誤，有四大檢視標準。
擲筊問事並不是擲到三個聖筊就了事，還要雙重確認合不合理、有沒有邏輯，假使問出來的結果是錯誤的，解決的方式也很容易出錯。

系統思考 P052

一件事達成的所有因素，看似獨立功能，卻誰也離不開誰。

- ▶系統思考要有邏輯，跟問事主題必須有關聯
- ▶各技巧常可以二種以上（不限二種）搭配運用，例如：時機辨識法＋反推法；時機辨識法＋雙系統籤詩

技巧1－時機辨識法 P057

⑴**找時機點**：系統思考中的重要關鍵，且神明知道而人不知道，所以特別重要。

⑵**確認欠點**：找欠點時，做為是否要請示該欠點的判斷標準（不尋常狀況是在該欠點出現後才發生）。

★時機辨識法還用在評判性思考，確認擲出的三個聖筊合不合理

技巧2－反推法 P113

⑴缺了某項因素或某項因素出問題，才導致事情不成（需先用系統思考成就一件事的相關因素才能反推）。

⑵用於打破成規，讓思考更具創意、有別於他人，常用於風格創業 P171 。

★使用反推法時，要注意不能偏離問題主幹

技巧3－雙系統籤詩 P085

有時候，一件事的關鍵因素比較複雜，很難光用擲筊問明白、就會運用到籤詩，主要是利用「籤詩配對」找出問題所在，當中的細節要靠解籤進一步去瞭解。

技巧4－合理問題篩選法 P208

有些因果可以透過詢問當事者，以是否合理、合邏輯確認是否是出狀況的原因，例如當事人家中從來沒有拜過神，那麼問欠點的時候，就不用去考慮這個因素，更不需要拿來問神明。

三筊定律——擲筊、想筊、解筊

讀懂神意的決定性工具

顧名思義，邏輯推論法門就是教導你在擲筊時怎麼去思考問題、怎麼去檢視所問的問題，進而讓擲筊出來的結果精準無誤。

更深入、具體一點來解釋，問事的時候，絕大部分的人都認為，只要擲到三個聖筊，答案就出來了，孰不知出現三個聖筊的這個答案有時候一點都不合理、不合邏輯，最後導致請示的事情沒有實現、困境沒有改善，甚至造成更嚴重的後果、讓問題更加惡化——我相信，很多人都有過上述這種經驗。

不過，究竟是問事過程的哪些環結出了問題，才導致這種「問出三個聖筊卻又不準、錯誤」的情況出現呢？

其實，當中的主要癥結，便是出在人們擲筊的時候沒有「融入」邏輯的推論這個關鍵要素，這常常會導致問出來的答案牛頭不對馬嘴、前後兜不起來而顯得矛盾重重——其實這就是邏輯推論法門如此重要且必要的原因所在。

沒有一個人在擲筊時不需要思考

要精進問事的境界，務必要先學會邏輯的推論，這個部分包含大量的思考能力，而思考可以引領我們做出正確的判斷——沒有一個人在擲筊時不需要思考！學會邏輯推論法門，就可以比較輕而易舉地問出精準無誤的答案，找到背後的真正問題。換句話說，只要這個答案是精準無誤的，加上解決的辦法也足夠圓滿，那麼，心中所求的事情自然就會實現，生活所面臨的困境也一定能夠改善。

邏輯推論法門是由「三筊定律」所組成，換句話說，三筊定律在提高問事精準度方面扮演著非常重要的角色。

三筊定律就是擲筊、想筊、解筊——是問事的必經過程。想讓擲筊的結果精準無誤，三筊定律非常重要，一定要懂，一定要學，更要能融會貫通、舉一反三，因為神明想要說的話，全部都會透過三筊定律反映出來。換句話說，問事問出來的答案準不準確，決定性的關鍵就在這裡了。

再提醒各位，如同我前面所說的，如果你不會這個超級重要的第一步驟，我不太相信你會有開對處方的能力。

擲筊

擲筊的重點就是：

(1)竹筊要拿正確。
(2)擲筊的時候一定不能讓筊撞到東西。
(3)一定要**連續**擲到三個聖筊。

擲筊的重點在我之前的問神書籍和問神DVD都有講過，這裡只稍微敘述，不再多加著墨，本書大部分的細節重點，都會擺在想筊、解筊。

擲筊就是我們一般說的「博杯」，是一種最沒有人為因素介入的問神方式，問出來的答案是百分之百的神意。為什麼呢？因為不管對不對、是不是、可不可以、能不能，都不是問事者說了算，一定要經過神明連續賜三個聖筊才算數，而這會比用「人口」講出來的答案還要客觀。

擲筊，是讓一對竹筊在大自然中自然跳動，所以，在擲筊的過程當中，一定要把會影響準確度的因素排除掉。

舉例來說：擲筊的場地如果比較窄小，就容易導致竹筊在跳動的過程中撞到桌腳、撞到跪墊、撞到當事人的腳等等，而這些都會影響擲筊結果的準確度。因此，我們在擲筊問事時，一定要把這些干擾因素都排除掉，**讓竹筊在大自然中「不受影響」的跳動**。

想筊

想筊有二個重要竅門：

竅門1〉正式擲筊前，先想好要問神明的問題

你在跪下去正式開始擲筊之前，如果心中沒有先準備好要問的問題方向，那麼，你擲筊擲沒多久腦袋就會一片空白，而不知道該怎麼問下去。

所以，在點香跟神明稟報完事情的主題之後，最好趁著神明在查案件的同時，**先思考並準備幾個等一下要怎麼問的問題與方向**（當然，一般信徒想自己擲筊問事，最好在到廟裡問事前就先好好思考，並且筆記下來，以免臨場想得不夠完善——「也要神，也要人」想要問事問得準，事前準備功課不可少），這樣才不會讓自己問沒多久腦袋就開始一片空白。

竅門2〉從觀察「擲筊跳動所顯現的聖筊數」推論神意

這個部分有一點深奧，過去我在《神啊！我要怎麼問你問題？》、《神啊！你到底在幫我什麼？》裡都有提過，沒有聖筊、一個聖筊、二個聖筊、三個聖筊分別代表的意義（後面也會再簡單說明 P060）。

在本書當中，我會舉例說明，如何運用宗天宮媽祖教我的邏輯推論法門，來觀察擲筊跳動所顯現的聖筊數，進一步推論出神明到底要說什麼。

解筊

解筊有二層意思：

竅門1〉依循所問的問題，解釋「出現的二個聖筊」所代表的意義

在實際擲筊問事過程中若出現二個聖筊，要如何去「解釋」在那樣的情況代表什麼意義，例如問「有欠點影響」出現兩個聖筊 P180 、「問買房方位」出現兩個聖筊 P121 ，要如何解釋在那個狀況下出現的二個聖筊是神明在告訴我們什麼事。

這個竅門的重點，就是在教大家為什麼神明不直接給三個聖筊而只給二個聖筊，並且教導大家去思考神明是在暗示些什麼，以及運用邏輯推論一一抽絲剝繭、如何測試問題、如何排除問題、如何修改問題，繼續問下去，才能得出三個筊。

竅門2〉擲出三個聖筊後，進一步檢視、偵錯或解釋三個聖筊的意義

擲出三個聖筊之後，還要思考這三個聖筊合不合理、有沒有合乎邏輯，以及這三個聖筊背後的意義。

一般人都以為，擲到三個聖筊就表示答案出來了，心裡只顧著高興。我要提醒你，先別高興得太早，神明曾經教過我：「弟子，當你擲到三個聖筊後，還要再想一想這三個聖筊有沒有合理性和邏輯性。這就好似你在做量化研究，同樣一份問卷、同樣的題目，在不同的時間、不同的地點、給不同施測對象做問卷，做出來的答案自然不一定相同。不過，如果你的研究過程正確、合理——例如研究的母體與樣本的大小、抽樣、統計方法等等——那麼，你得到的研究結果的準確率就會很高，也比較不會被人質疑。」

神明的這段話很明確的指出：擲筊出來的答案是「果」，擲筊過程的正確性是「因」；結果固

然重要，但是擲筊過程的正確性卻是決定這個結果準確度的最大關鍵要素，是重點中的重點。這一點，大家一定要牢記在心。

接下來，我會公開閉關時媽祖在夢境中教我如何想筊、解筊的訣竅，以及如何透過觀察擲筊跳動所顯現的聖筊數來正確解讀神意。

三筊定律彼此密不可分

在正始開始上課之前，請大家務必記住一個觀念：「想筊」和「解筊」是在問事的過程當中「一定」會出現的過程，並且彼此密不可分，更重要的是，每一種出現的聖筊數所代表的意思或狀況，你都要能夠解讀，否則，你問到最後會連自己在問什麼都不知道！這個重點相當重要——尤其是問事人員、神職人員，想要當一個頂尖的問神達人，你千萬要花時間用心去研讀、參透其中的奧妙精髓。

至於判斷「雖然得到三個聖筊結果卻錯誤」這方面的內容，我會放在最後面才說明（Part 3），因為這個部分又更加深奧了，如果基本功還沒有打好就要討論這個更深入的重點，我認為大家一定會聽不懂。

三筊定律

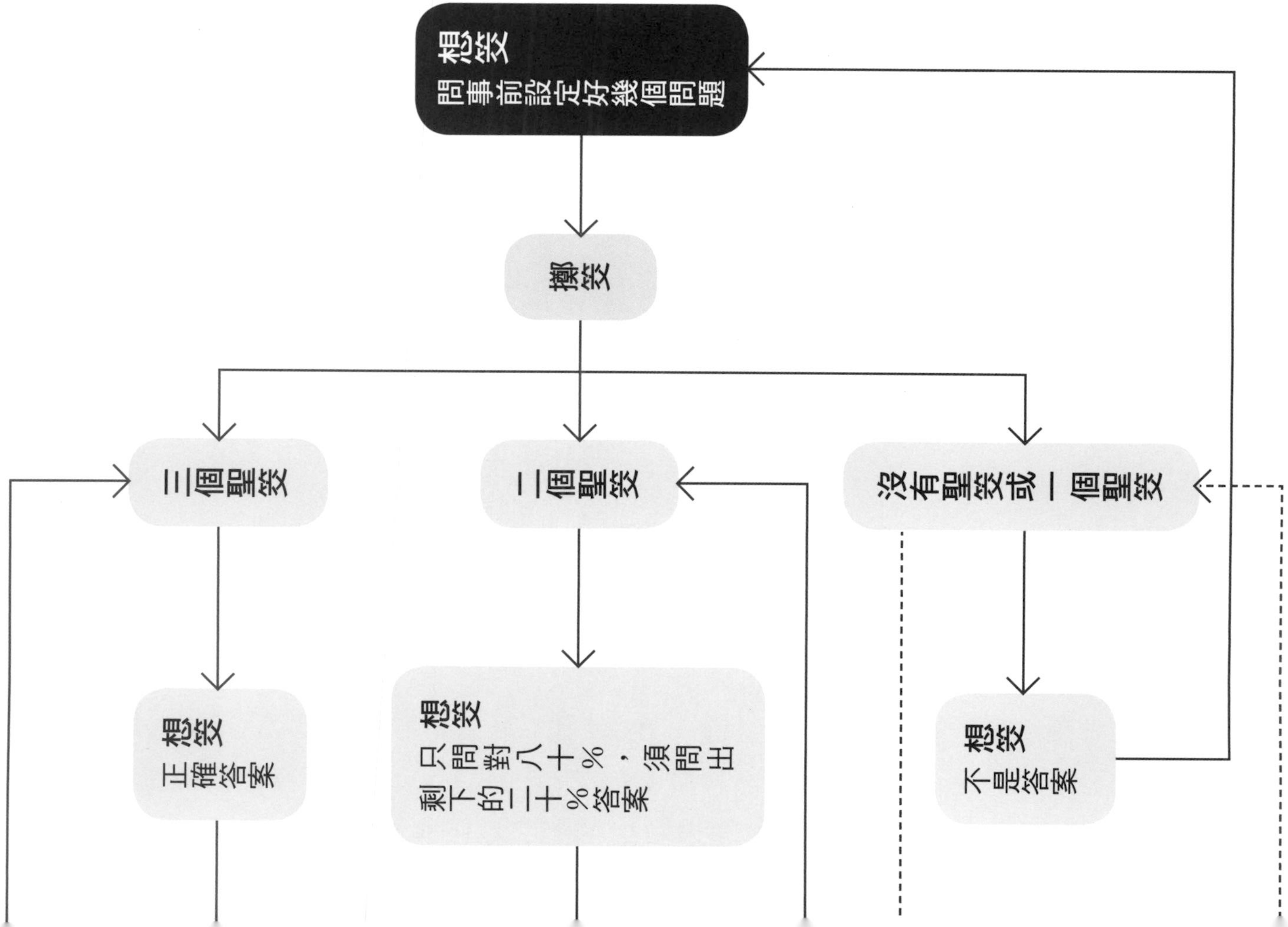
想筊
問事前設定好幾個問題
擲筊
三個聖筊
二個聖筊
沒有聖筊或一個聖筊
想筊
正確答案
想筊
只問對八十%，須問出
剩下的二十%答案
想筊
不是答案

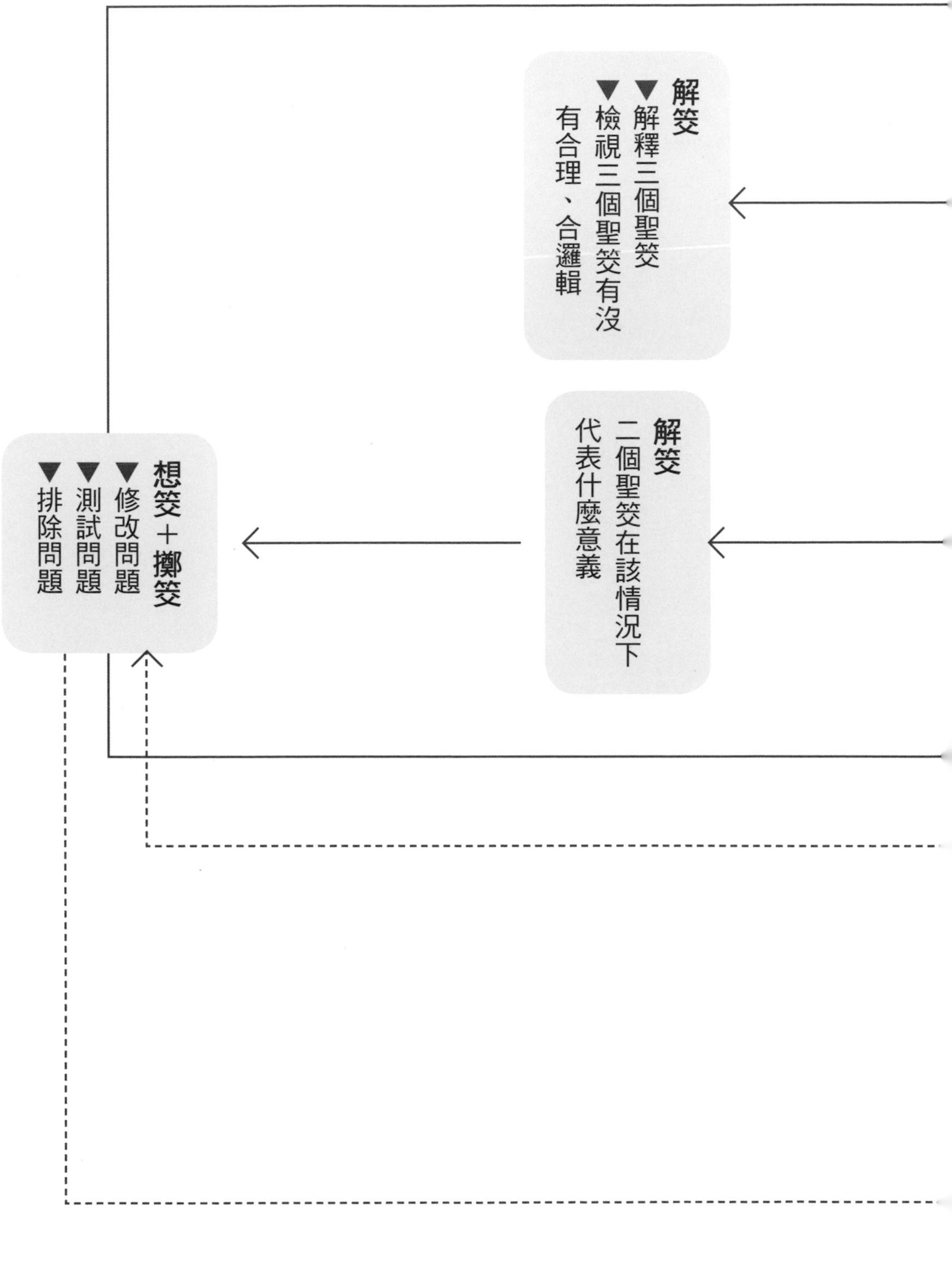
解筊
▼解釋三個聖筊
▼檢視三個聖筊有沒有合理、合邏輯
解筊
二個聖筊在該情況下代表什麼意義
想筊＋擲筊
▼修改問題
▼測試問題
▼排除問題

Part 2

運用系統思考，問出背後問題

邏輯推論第一大精要——系統思考法

正確找出問題並預測事情

邏輯推論法門中主要有兩大精要——系統思考和評判性思考。

系統思考主要是幫助我們思考成就一件人事物的因素（例如時間點、地點、人事……等等），並從這些因素中找出真正的問題所在；而評判性思考則是用來偵測，有助於我們判斷、檢視自己擲出三個聖筊的答案是否有出錯（合不合邏輯、合不合理、合不合常識）。在這兩大精要當中，還有一些技巧做為輔助（例如時機辨識法 P057 、反推法 P113 、雙系統籤詩 P085 ……），在本書中都將會一一為大家說明。

現在，我就要開始跟大家講解系統思考。

使用系統思考必須要符合邏輯——有相關聯

擲筊問事的過程中，必定會遇到神明只賜二個聖筊的情況，而且這種情況所占的比例其實非常高，那麼，我們要如何從二個聖筊問出三個聖筊，並且讓問出來的這三個聖筊準確無誤呢？這當中就需要有系統思考的概念了——事實上，不只從二筊問出三個聖筊的時候需要系統思考，早在你正式擲筊前設定問題時就會用到系統思考了！

系統思考不只有助於我們正確找出問題所在，也可以縮短我們找到問題點的時間，更可以幫助我們「預測事情」——這些能力，都是一位頂尖的問事人員所必須具備的。所以，我們一定要會系統思考。

在正式開始解釋系統思考之前，我想先請大家回憶一下：你騎車出門，半路上車子熄火並且發不動了，於是你把機車牽到機車店修理。這個時候，你或許會發現，機車店老闆的第一個動作，一定是檢查你的機車是否有油、是否有電。當這二個因素都沒有出現問題，他才會再繼續檢查下一個問題。

其實，機車店老闆這個小小的檢查步驟背後，就隱含著系統思考的概念。

我們在使用系統思考檢查問題的同時，一定要注意符合邏輯的推論。以前面機車熄火並且發不動的案例來說明，如果你把熄火的機車牽到機車店修理時，機車店老闆跟你說，機車熄火而且發不動的原因是因為剎車皮沒有換，那麼，這個說詞就不符合邏輯了。為什麼這麼說呢？因為剎車皮跟機車發動，這二者之間並沒有「相關聯」——使用系統思考必須要符合邏輯，而要符合邏輯就要有「相關聯」。

問事其實也是一樣的，當我們在使用系統思考幫當事人找問題的同時，也必須要符合邏輯——這個大原則相當重要，一定要記住。

什麼是系統思考？

為什麼系統思考不只可以幫助問事人員找問題，還可以縮短找問題的時間，更可以幫助我們預測事情呢？那就要先從什麼是系統思考來談起了。

例一〉汽車系統理論

舉一個簡單且容易理解的例子——汽車系統理論——來說明。

汽車由五大主要系統所組成，分別是燃油供給系統、潤滑系統、冷卻系統、啟動系統和點火系統。這五大系統外表看似一個一個的獨立個體，但要讓一輛汽車可以開動，五大系統必須要一起整合發揮作用才行；另一方面，一輛車子要開得快、開得久，潤滑系統跟冷卻系統的功能當然不可或缺——五個系統看似都是獨立個體，卻是相互依賴、相互共存，誰也離不開誰。

有了這個系統構造的概念之後，當汽車在半路熄火且發不動而被拖進去汽車修護廠時，就像之前機車熄火的例子一樣，汽車修車師傅會先從油、電開始檢查，而不會從煞車系統檢查，因為車子熄火且發不動跟油、電有最直接的關聯性。相對的，煞車系統跟熄火且發不動沒有最直接「相關聯」，如果說熄火且發不動是煞車皮造成的，那就是不符合邏輯。

例二〉冷氣系統理論

再舉冷氣機的例子來說明。冷氣要會冷，一定要有電源、壓縮機、冷媒三大主要系統。

現在問題來了，如果有一天，你突然發現家中冷氣不夠冷了，請問這臺冷氣不夠冷的問題可能出在哪？

我相信，大家首先想到的，不是冷煤相關方面的問題，就是壓縮機方面的問題。假設是冷媒相關問題出狀況，就再繼續追查是不是冷媒或冷媒管路方面的問題。然而，你會推測是冷媒或壓縮機有問題，卻絕對不會先想到電源方面的問題——理由其實非常簡單：沒有電源，冷氣都打不開了，怎麼會知道冷氣冷不冷？從邏輯上來思考，一定是先開冷氣吹了一段時間之後，才會知道冷氣冷不冷，不是嗎？

系統思考的相生與相剋

舉汽車跟冷氣這二個系統的例子，主要是為了讓大家對系統思考有一些概念，雖然我們不是冷氣專家或汽車修護專家，但起碼要知道——

所謂的系統思考，就是「由好幾個獨立個體一起發揮作用，才能產生主要的功能，這些個體看似各自獨立，卻相互依賴、相互共存、相互保護、相互提供本身具有的獨特功能給對方使用。獨立個體並沒有說誰比較重要、誰比較不重要，所以誰也不能夠離開誰」——其實，這也是「相生」的概念。

接下來，讓我們來反推一下，如果一件東西、一個組織、甚至一個人出現問題了，同樣的，我們也可以開始去思考，這一件東西、這一個組織、甚至這一個人主要是由哪些系統所組成的，再思考是從哪個系統先出問題，才導致這件東西、這個組織、這個人開始出現問題——這就是「相剋」概念。

有了相生相剋的概念之後，在遇到二個聖筊的瓶頸時，你就比較能夠從中找到問出三個聖筊的關鍵問題。

神明想讓你知道的天機：神明托夢所教的時機辨識法

出現三個聖筊的時間點範圍就是玄機之處

任何一件事要成熟實現，需要各種主觀因素和客觀條件的因緣俱足（這也是我們擲筊問事會如此重視系統思考的原因），因此很講究天時、地利、人和。**天時要先知道，才能夠讓我們有心理準備及擬定因應方案，接下來，就是再配合地利、人和。**

雖然孟子也說過：「天時不如地利，地利不如人和。」人和縱然很重要，但人和應該是人自己去好好修持的（例如人際關係要靠自己去建立和維持），而神明非常明白「時機點」對一件事成熟發生的重要性，並且這是人難以捉摸得透的，所以在指示一件事情時，常會提醒我們時機點。

正因為這樣，我在問事或運用系統思考時，常會從時機點切入去問問題請示神明，接下來的教學部分，我會先詳細描述閉關時媽祖托夢的夢境內容，以傳授想筊、解筊的訣竅，盡量讓大家直接體會神明的智慧，而媽祖托夢首先教導的，便是系統思考當中十分重要的「時機辨識法」。

接下來，就進入媽祖在我閉關進修時的托夢現場囉！

夢境中，我正在一間教室上課，整個教室看起來就像是一間廟，講臺上放著很多尊媽祖神尊。當天是期中考試，考試的科目是「邏輯推論法門」。包含我在內，這一班總共有十五個學生，而我是最後一個上場考試。

現場的主考官有三位，這場期中考由主考官出考題，每一名考生輪流上去抽籤，依照抽到的題目進行擲筊。擲筊就在媽祖神尊面前進行，而主考官的最後評分標準有以下依據：

(1)考生是否能問出三個聖筊的答案。
(2)如果在問事的過程中出現了二個聖筊，考生是否有能力繼續問下去。
(3)觀察考生整個問事的過程，主考官會提出幾個問題對考生進行口試。
(4)依據以上三項評分的加總，主考官會給每位考生一張成績單，上面會有考生這次考試的成績。
(5)八十五分為通過門檻標準，八十五分以下不及格，一旦不及格，就要重修這門課，擇日重考。

就這樣，我們十五個人先依序去講臺上抽籤，有的人抽到要考問事業，有的人抽到考問感情，有的人抽到考問學業，而我抽到的是考問婚姻。待全部的人都抽過籤後，考試就正式開始了。

瞭解「擲筊跳動所顯現的聖筊數」的意義

因為排最後考，我得以坐在椅子上觀摩其他考生考試的情況。一連看了幾名考生的擲筊過程，發現大部分人都遇到相同的問題，也就是——在擲出二個聖筊後就不知道該如何問下去。當然，他們最後也就收到了不及格的成績單。

看到那麼多人不及格，全都是因為擲到二個聖筊就無法再問下去，當下我也開始擔心起自己會不會也因為這樣而不及格。於是，我立馬開始思考要怎麼讓自己通過考試。在歸納出大家不及格的原因全都是在出現第二個聖筊這一個關卡就止步後，我便將思考重點放在以下三點：

(1)為什麼問事的過程中出現二個聖筊的機率這麼高？

(2)要如何讓連續三個聖筊順利出現？

(3)想順利擲到連續三個聖筊，就一定要先理解：**在「得到二個聖筊」進入到「得到三個聖筊」中間的這個階段之間，到底隱含著什麼玄機和玄妙之處。**

想到這裡，當下我靈機一動，趁考試還未輪到自己，趕緊拿出筆記本，把握時間複習之前老師教我擲筊訣竅的觀念單元。翻到某一頁，我的目光立刻被「從得到二個聖筊進入到得到三個聖筊之邏輯推論法門」這個標題所吸引住而為之一亮，沒有多想就立刻仔細閱讀起來，內容是這樣的：

當你利用擲筊的方式在問事時，沒有得到任何聖筊和只有一個聖筊的情況，代表你問的這個問題不是神明要的答案，必須再思考另一個問題重新問；當你問的這個問題出現二個聖筊時，代表你問的這個答案已經接近八十%，還剩下二十%的答案沒有完全問出來。

擲筊跳動得到的聖筊數情況及其意義

擲筊是由人提問，而神明以筊顯示答案，並以三個聖筊表示正確、同意。擲筊時得到不同的聖筊數，有一些不同的意義。

(1)沒有聖筊：不是答案。

(2)一個聖筊：不是答案。

(3)二個聖筊：已經問到八十%的重點，再努力將問題敘述得更完整，並思考你問的問題還有哪些條件因素不足才讓神明無法給你三個聖筊，這樣才能得出最後答案。

(4)三個聖筊：正解。

這只是簡單且基本的解釋，接著就要搭配案件本身的狀況去做解筊的思考。

系統思考技巧1

一定要學會「時機辨識法」

當你設定的問題、解答和神明想要表達的意思不符合或有些差異時，就會得不到三個聖筊，既然擲出二個聖筊代表還有二十%的答案沒有問到重點，那就要針對適才出現二個聖筊的問題，繼續把剩下的二十%的答案問出來。那要怎麼問出這二十%的答案？有四個重要關鍵：

(1)先針對你問的是「什麼問題」下去做邏輯推論

比如你要問的問題是這一件事情在什麼「時機點」會實現而得到二個聖筊，那要得到三個聖筊的玄機之處，就要在你問的那個時機點範圍內做邏輯推論變化（假使第一次問時機點就得到三個聖筊，那就不用再往下問，而是問神明有無其他指示）。

(2)先用「時機辨識法」精準鎖定時機點會落在什麼時候

這裡的訣竅是：**將你第一次所問的那個時間點範圍再往後延伸問一個時間點範圍，一般來說，最好是往後延伸問三個時間點範圍，以免漏掉可能的時機點**。時機辨識法最主要的目的，就是要從觀察擲筊跳動所顯現的聖筊數，去精準掌握神明傳達的真正時機點在哪個時候——時機辨識法在擲筊請示神明時機點的時候一定會用到，無論如何一定要學會。

(3)以半年為單位，用四個「時間點範圍」來問

假設你問這一件事情神明指示的時機點是在今年上半年而得到二個聖筊，這裡請注意，「今年上半年」就是你第一次問的那個時間點範圍。接下來，最好再往後延伸問三個時間點範圍，而所謂的「再往後延伸三個時間點範圍」指的就是今年下半年、明年上半年、明年下半年——以每半年為一個單位。這三個往後延伸的時間點範圍，加上第一次問的時間點範圍，加起來剛好有整整二年的時間。

一般來說，整整二年的時間點範圍內都沒有時機點的狀況非常少，所以若出現這樣的情況，要懂得思考是不是有比時機點更重要的因素要先問出來。

⑷「時機辨識法」＋「擲筊跳動所顯現的聖筊數」交叉運用

開始運用時機辨識法的時候，擲筊跳動所顯現的聖筊數就會開始變化，這個時候一定要仔細觀察「哪一個時間點範圍」內所得到的聖筊數，然後再跟著這個聖筊數進一步做邏輯推論，問出真正的時機點在什麼時候。

細細讀過如何從二個聖筊問出三個聖筊的筆記之後，我開心得如獲至寶，內心也彷彿吃下一顆定心丸似的。當下，我就慎重的告訴自己，一定要把筆記裡面所說到的重點熟背於心並運用自如，因為不管是接下來的考試或將來幫信徒問事，必定會遇到這種情況。

如果今天沒通過考試，將來也就沒有能力去幫人問事了。所以，我無論如何一定要通過這次的考試……。

思緒至此，我猛然聽到主考官叫道：「下一位考生準備，下一位是王崇禮。」聽到自己的名字，我趕緊走上前應試。我先對三位主考官鞠躬敬禮，之後便乖乖站好，安靜等待他們的發問。

坐在中間的女性主考官首先開口說：「你抽到的考題是婚姻，考試題目是：今天有一位信徒要來問婚姻，請問你要怎麼開始幫這位信徒請示神明？」

幾乎不用思考，我立刻開始回答：「首先，請信徒點香跟神明稟報資料，然後至少等待四十分鐘後，才來開始請……」

「停！停！停！」我都還沒講完，左邊的主考官忽然就用那種超過一百分貝的音量向我吼著喊停，同時還在胸前比了一個大叉叉……

我一臉錯愕，心想：「是發生了什麼事了嗎？」

這位突然暴走的主考官口氣十分嚴厲，臉上甚至出現那種氣到嘴角差不多一分鐘可以抖動上百次、彿彷快要中風的表情，狠狠地說：「問事之前要點香跟神明稟報資料這個就不用再講了，這種答案簡直就像你肚子餓了卻很緊張地大老遠開車來、很有智慧的問我『老師，空腹可以吃飯嗎？』這種『高智商問題』意思一樣！你給我講重點就好，別東扯西扯的！」

「你……ooxxyyzz……OK，好好好，我講重點！」我幾乎是咬牙切齒地應了下來，然後開始作答，「問婚姻的時候，首先要分清楚案主是已婚或未婚。請問主考官，你要考的是哪一種？」

聽我這樣問，三位主考官都不約而同地點了點頭：「這一位信徒是未婚。」

我馬上又反問主考官：「那麼，這一位未婚信徒是已經有對象了嗎？還是沒有對象？」

此時，三位主考官都低頭在桌子上面那張成績單寫了一些字，寫完後，坐在中間的那位女主考官對我說：「沒對象。」

我接著回答說：「既然沒有對象，那就只能幫信徒問姻緣時間在什麼時候了。」

運用時機辨識法在四個時間點範圍內做出正確的邏輯推論

果然不出我所料，在問姻緣時機點的時候，就像之前那幾位考生的狀況那樣，每一個時間點範圍都只有得到二個聖筊，遲遲不見三個聖筊出現。說老實話，我當下就對這三位主考官心生「好討厭」的心情，忍不住微微抬頭偷偷瞪了瞪他們。想不到，中間的女主考官竟然對我說：「你瞪我們也沒用，還是要考。」

雖然被抓包，我也沒覺得有什麼大不了，只是在心裡想著：「我偷偷瞪你們也知道？噗！」此時，坐在左邊那位主考官說話了，「把請示的過程唸出來讓我們聽，我們要打分數。」

既然得唸出來，我於是對著講臺上的媽祖神尊說：

「請示媽祖，這位信徒如果在今年上半年有姻緣時機的話，請給弟子三個聖筊。」結果是「二個聖筊」。

「請示媽祖，這位信徒如果在今年下半年有姻緣時機的話，請給弟子三個聖筊。」結果是「二個聖筊」。

「請示媽祖，這位信徒如果在明年上半年有姻緣時機的話，請給弟子三個聖筊。」結果是「沒有聖筊」。

「請示媽祖，這位信徒如果在明年下半年有姻緣時機的話，請給弟子三個聖筊。」結果是「沒有聖筊」。

「弟子，我首先問你兩個問題：(1)現在出現二個聖筊的情況了，你接下來要怎麼問呢？(2)你為什麼要連續問『四個半年度』？主要用意是什麼？」當我問到這個階段，中間的女主考官開口提出問題，但沒等我回答就緊接著說了下去，「身為一個頂尖的問事人員，必須要具備解釋各種擲筊情況的能力：能夠解釋得出來，才代表你對這個問題該怎麼問完全了然於胸，也對整個問事的邏輯很清楚；如果解釋不出來，就代表你的問事能力還有待加強，因為你講不出一個所以然來，這表示若不是你不清楚，那就是對概念似懂非懂，這會導致問事的邏輯不通，一旦邏輯不通，問出來的問題就很怪，問出來的結果也將不準確。所以，我們一定要請你針對自己所問的問題呈現出來的聖筊數情況，提出清楚的解釋與交待。」

哇，真的是很難的考試喔！不過，我已經告訴過自己，一定要通過這個考試——沒有通過考試，就沒有足夠的能力幫人問事。所以，我開始乖乖回答主考官的問題。

「今天我抽到的考試題目是問信徒的姻緣時機，在我問到的第一個時間點範圍內出現了二個聖筊，代表這位信徒的姻緣時機八十％會出現在這個時間點範圍內，可是還有二十％的答案沒有精準的問出來，還沒有達到百分之百的準確答案，所以媽祖才只給我二個聖筊。

由於沒有出現三個聖筊，所以不能完全確定信徒的姻緣時機就在這個出現了二個聖筊的時間點範圍內，所以繼續往後延伸，共問了四個半年度的時間點範圍。這麼問是為了進一步確定：除了第一個時間點範圍有二個聖筊，還有沒有其他的時間點範圍內也出現二個聖筊或三個聖筊的情況。

(1)假設其他三個時間點範圍內都沒有出現二個聖筊或三個聖筊，都是一個聖筊或沒有聖筊，那麼，我就可以邏輯推論：這位信徒的姻緣時機『應該』就在第一個時間點範圍內。

(2)假設其他三個時間點範圍內有某個範圍內出現三個聖筊的情況，那麼，我就可以邏輯推論：這位信徒的姻緣時機『應該』就在那出現三個聖筊的時間點範圍內，而第一個時間點範圍得到兩個聖筊又代表什麼意思呢？其實，這通常代表先得到二個聖筊的時間點範圍內要積極去多認識對象，在得到三個聖筊的時間點範圍雙方會開始進一步的交往。此外，得到二個聖筊的時間點範圍，還是可以用時間辨識法去問出哪幾個月要積極去多認識對象。

(3)假設其他三個時間點範圍內也有出現二個聖筊，那麼，我就可以邏輯推論：這位信徒的姻緣時機『應該』在第一個時間點範圍以及其他有出現二個聖筊的時間點範圍內。

這種問法就是媽祖教我的『時機辨識法』，有助於我在接受你們的考試時辨識更深入、更精準的姻緣時機點到底落在什麼時候。事實上，時機辨識法不只可以用在問出姻緣時機，也可以用在問很多需要知道時機點的案件當中，如創業時機、起運時機、業務何時開始談判或協調、何時可以成功的時機點等等。以上的回答就是主考官你問我的第二個問題。」

時間點範圍內有出現三個聖筊的二種情況……

問時間點範圍的時候有個重點要注意，一旦出現三個聖筊的時間點範圍，之後的時間點範圍就不必再問：

▼如果你是第一個時間點範圍就擲到三個聖筊，那接下來的三個時間點範圍就不必問：時間點就在第一個時間點範圍。

▼先出現二個聖筊的時間點範圍，再出現三個聖筊的時間點範圍，就算出現三個聖筊的時間點範圍不是最後一個時間點範圍，也不用再問後面的時間點範圍：時間點就在出現三個聖筊的時間點範圍，如前面問姻緣時機提到的：「先得到三個聖筊的時間點範圍內要積極認識對象，在得到三個聖筊的時間點範圍雙方會開始進一步的交往。」

針對時機點往下細問一直得不到三個聖筊，就用系統思考找分枝問題

考官們都沒有插話，所以我就繼續往下說：「然而，想要順利得到三個聖筊，要先知道剩下的這二十%還沒問精準的答案中到底暗藏了什麼玄機。

按照我閉關時的筆記所記載：

要進一步問出這二十%的答案，首先就是繼續針對你的問題（時間點）再繼續問下去，如果這樣去邏輯推論還是得不到三個聖筊，接下來就是要用『系統思考』下去做邏輯推論，思考其他可能的影響因素。這種概念就像是一棵大樹，直直的樹木主幹就是針對時間點去問，而其他可能的影響因素就是分岔出去的樹枝。

在這當中，有一個重點一定要記住——不管分岔出多少小樹枝，這些小樹枝永遠都是從主樹幹

岔出去的，所以二者無法分離。這是什麼意思呢？那就是：**問事不可以偏離主題，就算分岔出去了許多分枝問題，這些分枝問題也一定要跟問事的主題有相關聯**。

這個觀念很重要，它不只是在擲筊上用得到，連解籤、解夢也一定都會用到，因此要特別用心的去理解。

拉回到考試題目再具體一點來說明，當我問姻緣時機而只得到二個聖筊，那麼就先只針對『時機點』這個問題再做其他時間點範圍的推論，而不做其他分枝問題的推論。

相對的，如果其他時間點範圍的推論仍然都是一個聖筊或沒有聖筊的話，那就開始回到『系統思考』想分枝問題——其他影響的因素（舉例來說，如果只有今年上半年有二個聖筊，就進一步用時間辨識法去推論是上半年的哪幾個月，如果都沒有聖筊或只有一個聖筊，再用系統思考想分枝問題），但是就得要這樣解釋：『姻緣時機是在這個時間點範圍內沒錯，但**還有其他因素會間接影響到這個時間點**。』這個問法的邏輯在哪裡呢？

如果沒有幫當事人問出這些間接因素加以補充說明，光問出時機點用處也有限，這些因素包含個性、脾氣、愛情觀、運勢等等，當然也包含了欠點。**神職人員在幫人問事的時候，除了要精準、具體，還要讓當事者知道他或她需要額外特別注意的事情**，這就是『系統思考』最大的功用，而大部分人擲筊會卡關，就是忽略了這個眉角。」

聽我頭頭是道地解釋完畢，三位主考官點點頭且面帶微笑地說：「很好。你再繼續告訴我們，接下來你要如何運用時間辨識法和系統思考把二個聖筊問出三個聖筊。」

「蝦咪，還要舉例喔？不是已經考完了嗎？」我好奇地問。

「誰跟你說考完了？你讓我們看到你如何從二個聖筊問出三個聖筊了嗎？從頭到尾都是你用講的，也沒真正試驗給我們看，我們當然要檢驗剛剛你講的理論對不對啊！」

「對齁，的確還沒問出三個聖筊，不過你幹嘛那麼凶，切。」我沒回話，心裡暗自碎唸著。

「會很凶嗎？」中間的女主考官突然冒出這一句話。

「……我心裡罵她………她知道……」

被女主考官驚到的我穩定了一下情緒，乖乖地繼續做答：「三位主考官，那我就以剛剛考試的那個題目做『時機辨識法』邏輯推論的案例解析，然後再舉一個案例做需要更多『系統思考』找分枝問題的邏輯推論解析。

釐清上、下半年各得兩個聖筊所代表的玄機

考題中問的是信徒的姻緣時機，我從今年上半年一直延伸問到明年下半年，總共涵蓋有兩年的時間，為什麼問姻緣時機要延伸到兩年呢？因為我要從擲筊的過程中，專心觀察聖筊在『哪一個時間點範圍』內發生變化，然後用擲筊跳動所顯現的聖筊數，來正確推論這位信徒真正的姻緣時機點在什麼時候。為什麼以兩年為一個標準？根據我問事這麼多年的『臨床』經驗，很少會出現兩年之間完全沒有時機點的情況，換句話說，如果真的兩年之間四個時機點範圍都沒有聖筊或只有得到一個聖筊，那就要敏感地去思考可能是有哪裡不對勁。

現在，回到剛剛我擲筊的結果，四個時間點範圍各自的聖筊數如下：

(1)今年上半年有姻緣時機：二個聖筊。
(2)今年下半年有姻緣時機：二個聖筊。
(3)明年上半年有姻緣時機：沒有聖筊。
(4)明年下半年有姻緣時機：沒有聖筊。

三位主考官，請注意看我請示的結果——今年的上半年、下半年各有二個聖筊，而明年的上半年、下半年都沒有任何聖筊。很顯然地，當中的玄機，就在今年的上半年跟下半年，這就是神明給我的暗示。

同樣的道理，如果請示的結果是今年的上半年、明年下半年各有二個聖筊，那玄機就是在這兩個出現二個聖筊的時間點範圍內。

總之，在運用時機辨識法擲筊問神的過程當中，一定要觀察在哪一個時間點範圍內出現了二個聖筊——那個地方，就是有玄機之處。

注意，如果一開始在今年上半年就出現三個聖筊，那麼時機點就確定是在這個範圍，也不需要再繼續問其他時間點範圍，只需要在最後問神明：『這位信徒的姻緣時機在今年上半年，請問還沒有其他指示，如果有其他指示的話，請給弟子三個聖筊。』如果沒有出現任何聖筊，那就表示這件案子可以正式結案了；相對地，如果此時有二個或三個聖筊出現，那就表示除了時機點以外，神明還要交代其他事情，此時要再繼續請示神明是什麼事——這才是最慎重、最嚴謹的做法，目的是防止漏掉神明要說的話。

現在我要開始針對我問的問題——也就是姻緣時機——在出現二個聖筊的時間點範圍內，直接繼續問，來進一步做邏輯推論。

上半年是農曆的一月至六月底，下半年也就是農曆的七月至十二月底。然而，為什麼在上、下半年都各有二個聖筊呢？關於這種情況，按神明所教我的問事技巧來看，可以這樣來問：

(1)首先，先挑出今年上半年、今年下半年當中，分別可能有姻緣時機的時間點範圍：因為都只有得到二個聖筊，那就代表在上半年中、下半年裡，都是只有當中的幾個月有姻緣時機，可能性有這幾種（注意，表格列的只是當中的幾種，其實是有更多組合的）。

今年上半年有二個聖筊，下半年沒有聖筊	・農曆一月至六月底中只有幾個月有姻緣時機 ・下半年完全沒有姻緣時機	一月至三月
		二月至四月
		三月至五月
		四月至六月
		一、二月跟三、四月
		一、二月跟五、六月

今年上半年沒有聖筊，下半年有二個聖筊	・上半年完全沒有姻緣時機 ・農曆七月至十二月底中只有幾個月有姻緣時機	七月至九月 八月至十月 九月至十一月 十月至十二月 七、八月跟九、十月 七、八月跟十一、十二月
上半年、下半年各有二個聖筊	・上半年和下半年各有某幾月有姻緣時機 ・姻緣時機可能跨越時間點範圍	一、三月跟七、九月 一月至三月、七月至九月 一、三、六月跟八、十、十二月 五月至九月 四月至八月 三月至七月

(2)既然擲筊的結果是今年上、下半年都各有二個聖筊，那就有可能在上、下半年內各有哪幾個月有姻緣時機。這時候要怎麼問神呢？可以這樣請示神明：『這位信徒的姻緣時機是不是在今年的上半年一月至三月、下半年的七月至九月？如果是的話，請給弟子三個聖筊。』

(a)如果出現了三個聖筊：此時，要怎麼解釋這個結果呢？解釋擲筊結果時得這樣說：『神明指示你的姻緣時機在：今年的上半年一月至三月這三個月之間，以及下半年的七月至九月這三個月之間。在這兩段姻緣時機期間，你得要好好把握，如果有人介紹對象，或是受邀參加聯誼活動，要積極一點，才不會錯失良機。』

(b)如果沒有出現聖筊或只有一個聖筊：此時，要繼續往其他的時間點範圍問，舉例來說，問今年的上半年四月至五月、下半年的十一月至十二月。以此類推，直到問到有三個聖筊或二個聖筊的（出現兩個聖筊後面會再說明），但只能問今年的上、下半年期間內的時間點範圍，絕對不能問到其他年度期間的。因為只有今年的上、下半年期間有二個聖筊，如果問到其他年度的時間點範圍，就算有三個聖筊出現，這個答案也不會準確，因為這已經偏離我原本請示到的結果——只有今年上、下半年各有二個聖筊，其他年度期間並沒有任何聖筊——太遠了。

(c)如果一樣只得到二個聖筊：此時，要再繼續用時間辨識法問下去，也就是問神明：『這位信徒的姻緣時機是不是在今年的上半年一月、下半年的七月？如果是的話，請給弟子三個聖筊。』其他可能性還有『今年的上半年三月、下半年的九月』、『今年的上半年一月、下半年的七至九月』、『今年的上半年一月至三月、下半年的七月』（可自己多試其他組合）……等等。只要好好地依照時間辨識法根據當時的判斷做時間點範圍內的組合變化，以此類推，就會有三個聖筊出現了。

(3)今年上半年、下半年都各有二個聖筊，還有一種情況是橫跨時間點範圍，如果在當中的哪幾個月一直問不到二個聖筊或三個聖筊，就可以問問看跨時間點範圍，利用時機辨識問神明：『這位信徒的姻緣時間是不是在今年的四月至七月，如果是的話，請給弟子三個聖筊。』其他的可能性還有五月至八月、六月至九月……等等，更多的組合變化大家可以自行多試試。

總之，『法無定法、水無常態』，問神、擲筊一定要學會變化，神明坐在神桌上不會講話，祂們要如何跟人溝通呢？祂們要如何回答我問的問題的答案到底是問對或問錯，或只問對八十％？神明只能用擲筊時跳動的聖筊數來顯現並暗示祂們所要表達的意思。因此，我一定會非常注意這種情況——**每當我問到某一個問題而出現了二個聖筊，一定會再檢視我問的這個問題裡面的文字隱含了什麼玄機？**這一點，我等等在系統思考的邏輯推論部分會進一步解釋。以上針對如何從二個聖筊問出三個聖筊的理論加以整理並做詳細敘述，接下來我要正式向三尊媽祖的神尊請示答案了。

『弟子請示媽祖，您剛剛指示這位信徒的姻緣時機在今年的上半年、今年下半年都各有二筊，那這位信徒的姻緣時機是不是在今年的上半年一月至三月，以及下半年的七月，如果是的話，請給弟子三個聖筊。』

果不其然，一擲下去，媽祖馬上給我連續三個聖筊。

看到擲出三個聖筊的時候，我很高興地跳了起來，握起拳頭大聲說了一聲「Yes」！而三位主考官看到我擲到了三個聖筊，也頻頻微笑的點點頭，邊在桌上那張我的成績單上面打分數。

我不知道我會考幾分，當下真的超想偷瞄自己的分數的，嘿嘿！

案例 1

姻緣時機問法篇：當時機辨識法問不出三個聖筊時

用系統思考找比「姻緣時機」更重要的事

終於通過時間辨識法的考試了，接下來的托夢現場，要進一步看如何運用系統思考來做更複雜的邏輯推論！

在夢境中，我繼續接受考試。我對主考官們說：「稟報三位主考官，我已經運用時機辨識法的邏輯推論成功地問出姻緣時機點，接下來，我繼續要用系統思考的邏輯推論來請示姻緣時機。這些方法如果運用得正確，我敢保證，一定會有三個聖筊出現！為什麼呢？因為這是宗天宮媽祖所教的宗天邏輯推論法門，在當今世界裡，還未出現在宗教擲筊問事的書籍裡面過，為了讓全國信眾和我們的下一代都有能力自己擲筊、自己問事，我要公開這套祕訣法門，讓大家也可以一起學習，造福下一代。」

聽到這邊，三位主考官頻頻點頭說：「很好，你沒有個人的私心，這一點很好。」

說到這裡，我忽然想到一件事，內心「咦」了一聲，便請教主考官：「請問主考官，剛剛的考題是考我問信徒的姻緣時機，而我也問出來了，也已經出現三個聖筊了，接下來你們應該還要再出一道新的考題才對吧？不然沒有題目可以讓我講解呀？」

中間的女主考官對我說：「你去年不是處理過一件挺精彩的案件嗎？講解那個案件也行。」

「去年精彩的案件？哪一件呀？」我好奇地回問主考官。

坐在左邊的主考官指著我的問事記錄說：「就是這一位信徒，她去年也是來請示姻緣時機，這個案件你忘記了嗎？」

我看了一看問事記錄，又好奇地問：「你怎麼會有我的問事記錄？這是我們宗天宮內部才有的資料，你麼會有這個？你在哪裡拿的？」

此時，中間的女主考官開口解釋說：「你在問事及處理案件的整個過程都是我們在打分數的，我們當然有你處理過的問事記錄。」

「我問事，你們打分數？那你們是誰啊？」我不解地問。

三位主考官互相看了一下，然後笑一笑，也不說話。我心底還是納悶，就對右邊的主考官說：「右邊這位主考官，從頭到尾你都沒問過我問題耶……，你好安靜喔！你是不是不喜歡講話？」

然後——耶，右邊那位主考官終於開口了：「是啊，不過你怎麼這麼厚話（多話）啊？現在是考試時間，你是在囉嗦什麼？你以為我們很閒嗎？我們還有很多事情要做，你趕快考一考，不想考就拿這張棄考單去寫一寫好了！」

「啊，別別別，別醬子，我考，我考。」我連忙回說，但心裡還是偷罵著，「說我厚話？……囉嗦？」剎那間，我不只覺得自己被嗆了……更覺得右邊那位主考官還是別開口好了。

「好吧，三位主考官是要我說說去年那一件案子是吧？」

「對，開始吧。」三位主考官齊聲回答我。

案件一．姻緣時機問法篇》為什麼籤詩說的跟你講的不一樣？

「那我開始囉！去年農曆四月，年約三十歲的陳小姐來問婚姻，她表示自己未婚，也沒對象，想問姻緣時機在什麼時候。我想，既然未婚又沒有對象，按常理來看，就真的是問姻緣時機而已，於是我就使用時機辨識法來確定時機點在何時。可是，奇怪的事情發生了——

當四個時間點範圍都沒有聖筊或只有一個聖筊時該怎麼辦？

『請示媽祖，這位信女如果在今年上半年有姻緣時機的話，請給弟子三個聖筊。』結果是『沒有聖筊』。〔問題1〕

『請示媽祖，這位信女如果在今年下半年有姻緣時機的話，請給弟子三個聖筊。』結果是『沒有聖筊』。〔問題2〕

『請示媽祖，這位信女如果在明年上半年有姻緣時機的話，請給弟子三個聖筊。』結果是『一個聖筊』。〔問題3〕

『請示媽祖，這位信女如果在明年下半年有姻緣時機的話，請給弟子三個聖筊。』結果是『沒有聖筊』。〔問題4〕

跟三位主考官報告一件事，有些信徒跟我提到過：『王老師，老一輩的人都說，開始請示神明之前要先問神明在不在廟裡面，如果有在廟裡面，才可以開始問神。』針對這種講法，我不會說不對，但我不會像老一輩人那樣問得這麼直白。

先問神明是不是要再多一點時間查明案件

比方說，我幫這位陳小姐連續問了二年的姻緣時機，沒有一個時間點範圍內有出現三個聖筊，甚至連二個聖筊也沒有。所以，第五個問題我就會這樣問：

『請示媽祖，還是這位信女要問姻緣時機的這個問題，神明還正在查明當中，必須再等二小刻（三十分鐘）查明詳細之後，才要開始指示信女的姻緣時機，如果是這樣的話，請給弟子三個聖筊。』〔問題5〕

結果依然是『沒有聖筊』。

出現三個聖筊代表還在查案件

這種問法，剛好可以整合及回答老一輩人所擔心神在不在廟裡面的情況，如果此時有出現三個聖筊的話，那麼該怎麼辦？又該怎麼解釋這種情況呢？

(1)問事要先暫停，『等一下』再繼續問，所謂的『等一下』，通常是指要再過半小時至四十分鐘左右，之後再來繼續問，才會比較保險。

(2)既然神明查這個案件還沒有百分之百查得很詳細，也確實還無法給予任何指示與答案，我們的確可以把神明還在查案件的狀況，當作老一輩人所說類似『神不在廟裡面』的狀況一樣，只是我不會直接問：『媽祖，祢在家嗎？』

(3)總之，不管怎樣，既然神明給了三個聖筊指示『等一下』再問，那就一定要遵照神明的指示，先暫停問事——硬是問下去，問出來的答案也一定會不準確。

沒有聖筊表示神明有在廟裡，也已查好案件——暗示神明有其他的指示要先交待

相對的，如果我問神明『等一下再繼續問』沒有出現任何聖筊或只有一個聖筊，那就可以合理推論：『神明已經查明詳細，也一定在廟裡。』在這個前提下，如果四個時間點範圍都沒有出現二個聖筊或三個聖筊，那就表示神明有其他的話要先指示，而且這個指示肯定比時機點更重要，不然怎麼可能整整二年涵蓋四個半年的期間都沒有任何時機呢？

用「系統思考」找出比時機點更重要的關鍵

報告主考官，這也就是說，『在這個案件中，什麼事比姻緣時機更加重要？』就是所謂的『玄機之處』了。每當問神的時候遇到這種狀況，其實就是神明在暗示我：要開始運用不一樣的思考方式了。

那麼，此時應該使用哪一種不一樣的思考方式呢？宗天邏輯推論法門中的系統思考此時就可以派上用場了。

從時機辨識法切入想筊和解筊的好處

要從二個聖筊問出三個聖筊時，先從時機辨識法切入可以幫助我們判斷一些情況：

⑴若事情已經成熟要發生，主要缺的是時機配合：此時，神明往往會明確的給予二至三個聖筊。

⑵若事情已經成熟要發生，時機不是當中的主要因素，而有其他更重要的因素影響：此時，神明很可能只會給每個時間點範圍（一般來說是四個時間點範圍）一個聖筊或根本沒有聖筊（注意！別忘了先確認神明是不是有還沒百分之百查明而需要多一點時間的情況），這樣一來，你得先問出那個更重要的因素是什麼，然後再回頭來確認有沒有時機點的問題，才算完整。

用系統思考找姻緣時機問題會出現的二種情況

報告主考官，時機辨識法只針對時機點再下去做推論，並不做時機點以外的問題的推論，所以必須回頭開始系統思考，此時會有二種情況出現，我問神的時候一定會特別注意。

(1)如果剛剛問的四個半年的時間點範圍，有某個期間出現二個聖筊，而且接下來使用時間辨識法一直沒有出現三個聖筊的話，那麼使用系統思考的解釋就是：姻緣時機是在這個二個聖筊的時間點範圍內確實沒錯，但還有其他因素會間接影響到這個時間點。

(2)如果在剛剛問的四個半年的時間點範圍，沒有任何的時間點範圍內有出現二個聖筊（像陳小姐的案例這樣），那麼使用系統思考的解釋就是：陳小姐的姻緣時機並不是神明現在馬上要指示的，神明現在馬上要指示的，是比姻緣時機更重要的事，等到這件重要的事問出來了，神明就會接著指示陳小姐的姻緣時機在何時——這裡的重點請務必注意：等這件重要的事問出來之後，要記得接著請示神明陳小姐的姻緣時機在什麼時候。為什麼要這樣交代呢？因為我看過太多信徒問出了更重要的事，卻不知道要緊接著請示神明姻緣時機點。就某種意義來看，這會導致：雖然知道要注意的重要事情是什麼，但是終究還是不知道姻緣時機在什麼時候——這樣問神，等於只問出一半、有頭無尾的答案而已。」

講了這麼一大段理論，我本來以為主考官會覺得我很囉嗦，沒想到他們不但沒有這樣的感覺，反而不約而同地對我點點頭、拍手鼓勵說：「很好，很好，這就是我們想要的答案，這也是很多神明一直希望祂們的弟子或信女擲筊問事可以達到的境界。很好，真的不錯！」

得到主考官們的善意回應，我接著繼續說：「我問了整整二年、涵蓋四個半年期間的時間點範圍都沒有三個聖筊，甚至連二個聖筊也沒有，出現這樣的聖筊數，我大概就知道，神明要先指示的事情一定是比陳小姐的姻緣時機更重要。換句話說，如果沒有先指示更重要的事而只交代姻緣時機，對當事人沒有多大的幫助，否則應該至少會有一個或幾個時間點範圍出現二個聖筊。而看到陳小姐的姻緣時機整整二年、涵蓋四個半年期間的時間點範圍連二個聖筊都沒有，我想起媽祖教過我的重要觀念和口訣——

『要當一名頂尖的神職人員，幫信徒問時間點時一定會遇到這二種情況（即前頁提到的二種情況），一旦這二種情況出現了，就代表神明在暗示你：不同人背後所牽涉的事情，因其嚴重性及影響程度不一，神明會根據不一樣的嚴重程度及影響性，給不一樣的聖筊數情況來暗示你要注意。明明都問「同一件事情」（例如都問婚姻時機），為什麼神明給某一位信徒三個聖筊，而另一位信徒就得不到三個聖筊呢？理由就出在「病因不同」。關於問一個案件得到「二個聖筊」背後所代表的意義這部分，你一定要學會細心觀察。

學成邏輯推論法門之後，務必要傳給後代有心想學問事的人，讓這套學問、技巧、理論傳承下去，切莫讓它失傳了——尤其是解釋聖筊數的情況，這一個部分非常重要，因為當中充滿了大量的邏輯概念與知識。問出來的答案準不準確，邏輯概念扮演著非常重要的角色。』

一個頂尖的問事人員，必須要知道如何更準確的細分、比較這二種情形不同在哪裡，以及神明在考量什麼？

(1)在第一種情形當中，你問的時間點範圍內會出現二個聖筊，但在出現兩個聖筊的時間點範圍中，卻又都得不到二個聖筊或三個聖筊：出現這種情形的信徒，**遇到的問題並不大，但要注意——時間點問出來之後，神明還有一些問題要交代這位信徒**，把這些問題問出來，並且提醒信徒多注意就行了。也正是因為這樣，信徒還是可以在時間點範圍中擲出二個聖筊。

(2)在第二種情形當中，你問的時間點範圍內會完全都沒有出現二個聖筊或三個聖筊：出現這種情形的信徒，所遇到的問題就很大了。多大呢？在**還沒有問出更重要的病因問題以前，時間點對這位信徒根本沒用**，正因為如此，神明才會在時間點範圍內連賜予二個聖筊的機會都不給，目的就是要暗示神職人員：『這位信徒的背後有嚴重性及影響程度很大的問題存在。』

無論怎麼擲筊，都是連二個聖筊都擲不出來時……

在陳小姐的案例中，我針對姻緣時機問了四個時間點範圍，結果全部都是連二個聖筊都沒有，問神明是否還在查明當中也沒有任何聖筊。所以，接下來思考的角度就是：既然四個時間點範圍及神明還在查明當中這二個問題都沒有任何聖筊，那是不是媽祖還有「比時機點更重要的事」要先指示，這個更重要的事指示出來，媽祖才會繼續指示剛剛要問的那個問題——其實，這就是問事臨場的敏感度。

媽祖教導我，當你來問事，而你問的那個問題一直連二個聖筊都擲不出來，而且也不是神明還在查明案情當中，那就要有敏感度接著問：「是不是我要問的這個問題（或事情）之外，還有更重要的事要先講，講完之後才會指示這個問題（或事情），如果是這樣的話，請給弟子三個聖筊。」如果有三個聖筊，就要先把「更重要的事」問出來，之後，也一定不能忘記繼續請示你原本問的那個問題（或事情）。

其實，這種情形很常見。舉例來說，我之前為了一個活動不知道該辦在A日子或B日子而請示神明，但不管怎麼問，A或B日子不是一個聖筊就是沒有聖筊，更不要說三個聖筊了。然而，我已經反覆確認過「神明已經查明這個問題了」，也不是「這二個日子都不好，還有其他更好的日子」，那應該不是A日子就是B日子，不可能二個日子都沒有任何聖筊。於是，我問神明是不是有更重要的事要先指示，更重要的事指示完才要指示是A日子或B日子，就立刻得到三個聖筊。我接著把這更重要的事問出來，然後繼續請示活動是要辦在A日子或B日子，問A日子時馬上就有三個聖筊了。

只不過，「更重要的事」一般來說並不那麼好問，首先要先問出大方向，然後再根據這個大方向繼續問得更具體。這一點等到開班授課時會具體教導大家，因為直接用授課講解的方式會比文字敘述清楚詳細。為什麼這麼說？我舉個例子大家就知道了——

之前有信徒想求個保車平安符回去放車上，但不論怎麼問，媽祖都沒有任何聖筊，後來花了一段時間，才終於問到那個更重要的事：「我可以給你保車平安符，但弟子你開車很快，要改掉這個習慣，開慢一點，這一點我得先告訴你，否則光給你符也沒用……」

老實說，在這位信徒來問事之前，我們根本就不認識，我又怎麼知道他有開快車的習慣呢？遇到這種狀況，一定要有耐心，利用系統思考去想開車平安的所有條件，一一向當事人和神明確認，不斷抽絲剝繭，從大方向慢慢聚焦到問題之所在，當中有許多邏輯思考的眉角，所以我才會說很難只用文字表達出來。

總之，大家至少要有這個敏感度。此外，還有一點要特別注意：這樣的問法只能用在你一開始要問的那個問題（例如辦活動要選A日子或B日子、跟神明求保車平安符）不管怎麼問連三個聖筊都得不到時才能問；絕對不能已經擲出三個聖筊了還問這個問題。

系統思考技巧2

利用雙系統籤詩的系統思考，找出複雜的病因問題

陳小姐此案的特別之處在於：我問了整整三年、涵蓋四個半年期間的時間點範圍，都沒有三個聖筊，而且也已經排除神明還在查案或不在廟裡的情況。這就表示陳小姐背後有嚴重性及影響程度很大的問題存在，如果沒有一一問出來，光告訴陳小姐姻緣時機也沒有多大效果。要問出背後更嚴重且影響程度很大的問題，籤詩常會在此時派上用場，而系統思考就是用在籤詩配對上。

主要是用「籤詩配對」來做系統思考

我們在進行系統思考時常常會運用到抽籤詩，這是因為背後更嚴重且影響程度很大的問題，有時很難光靠擲筊問神明是不是、對不對來找到答案，而籤詩本來就是針對這種情況而存在的。在找

問題時，我們不能天馬行空的亂問——系統思考透過思考成就一件事的所有相關因素，進而問出一件事的分枝問題（病因問題），而分枝是從主幹岔出去的，不可能脫離主幹而存在，所以一定還是會跟主幹問題有關聯。

因此，問事的人要先思考好，要成就這一件事的元素有哪一些，然後透過「籤詩配對」來確認這個元素是什麼——事實上，籤詩配對本來就是用來找出所問之事該從哪個角度看，以及這件事情的範圍涵蓋到哪裡。

針對可能的影響元素來「籤詩配對」

三大基本的籤詩配對為運籤、本運籤、家運籤，其他還有事業籤、姻緣籤、身體籤、學業籤、考運籤……等等，甚至可以更細節地針對問題來思考。常見的配對組合如下——

▼**事業方面**（待業）：事業籤、本運＋事業籤、家運＋事業籤、事業＋上半年籤、事業＋下半年籤、欠點＋事業籤。

▼**事業方面**（轉行、轉跑道、換公司）：事業籤＋可以轉換跑道、事業籤＋不可以轉換跑道、本運＋事業籤＋可以轉換跑道、本運＋事業籤＋不可以轉換跑道、本運＋事業＋可以轉換跑道＋上半年籤、本運＋事業＋可以轉換跑道＋下半年籤、本運＋事業＋不可以轉換跑道＋上半年籤、本運＋事業＋不可以轉換跑道＋下半年籤、事業＋可以轉換跑道＋上半年籤、事業＋可以轉換跑道＋下半年籤、家運＋事業籤、家運＋事業籤＋可以轉換跑道、家運＋事業籤＋不可以轉換跑道、家

運＋事業＋可以轉換跑道＋上半年籤、家運＋事業＋可以轉換跑道＋下半年籤、家運＋事業＋不可以轉換跑道＋上半年籤、家運＋事業＋不可以轉換跑道＋下半年籤、欠點＋事業籤。

▼姻緣方面（未婚）：姻緣籤、本運＋姻緣籤、家運＋姻緣籤、個性＋姻緣籤、姻緣＋今年上半年籤、姻緣＋今年下半年籤、姻緣＋明年上半年籤、姻緣＋明年下半年籤、欠點＋姻緣籤。

▼婚姻方面（已婚）：婚姻籤、本運＋婚姻籤、家運＋婚姻籤、個性＋婚姻籤、婚姻＋今年上半年籤、婚姻＋今年下半年籤、婚姻＋明年上半年籤、婚姻＋明年下半年籤、欠點＋婚姻籤。

▼身體方面：身體籤、本運＋身體籤、家運＋身體籤、身體＋今年上半年＋貴人籤、身體＋今年下半年＋貴人籤、身體＋明年上半年＋貴人籤、身體＋明年下半年＋貴人籤、欠點＋身體籤。

▼學業方面：學業籤、本運＋學業籤、家運＋學業籤、個性＋學業籤、學業＋今年上半年籤、學業＋今年下半年籤、學業＋明年上半年籤、學業＋明年下半年籤、欠點＋學業籤。

▼考運方面：考運籤、本運＋考運籤、家運＋考運籤、個性＋考運籤、考運＋今年上半年籤、考運＋今年下半年籤、考運＋明年上半年籤、考運＋明年下半年籤、欠點＋考運籤。

籤詩配對還有很多種類，由於陳小姐是來問姻緣時機的，最直接的籤詩配對選項就是姻緣籤。

同時運用時機辨識法和籤詩配對

此時，我會繼續使用時機辨識法這個技巧，因為此案不只要幫陳小姐找到她的背後問題，姻緣時機在什麼時候還是得問出來，所以我問宗天宮媽祖並擲筊：

『請示媽祖，是不是這位信女的姻緣時機在今年上半年，但還要出姻緣方面的籤詩來對信女補充說明？如果是這樣的話，請給弟子三個聖筊。』結果是『沒有聖筊』。〔問題6〕

『請示媽祖，是不是這位信女的姻緣時機在今年下半年，但還要出姻緣方面的籤詩來對信女補充說明？如果是這樣的話，請給弟子三個聖筊。』結果是『沒有聖筊』。〔問題7〕

『請示媽祖，是不是這位信女的姻緣時機在明年上半年，但還要出姻緣方面的籤詩來對信女補充說明？如果是這樣的話，請給弟子三個聖筊。』結果是『二個聖筊』。〔問題8〕

『請示媽祖，是不是這位信女的姻緣時機在明年下半年，但還要出姻緣方面的籤詩來對信女補充說明？如果是這樣的話，請給弟子三個聖筊。』結果是『沒有聖筊』。〔問題9〕

請注意，此時出現的聖筊數產生了變化：我第一次直接幫陳小姐問姻緣時機時，四個半年期間的時間點範圍都連二個聖筊也沒有，在我加上『要出姻緣方面的籤詩來對信女補充說明』這個條件，才在『明年上半年』這個時間點範圍出現二個聖筊，雖然不是三個聖筊，但至少離水落石出往前邁了一步。這代表什麼意思？這表示：陳小姐的姻緣時機在明年上半年『沒錯』，而要出姻緣籤詩這個部分似乎『對了八十％』，但終究仍未出現三個聖筊，所以問題還卡在哪裡要繼續問出來。

當中的玄機之處是這樣的：

(1)姻緣時機在明年上半年『沒錯』，是因為用時機辨識法問了四個半年的時間點範圍，只有明年上半年這個範圍內出現二個聖筊，其餘三個半年的時間點範圍內完全沒有任何聖筊，因此姻緣時機點就在明年上半年。

(2)之所以沒能達到三個聖筊而只出現二個聖筊，原因主要出在籤詩配對的這個部分還不夠完整，此時要回頭調整『出現二個聖筊的問題』。

解釋至此，我想要提醒問事人員一個必須謹記在心的重點：問事時，千萬不要忘記你剛剛向神明問的那些問題，因為若有出現二個聖筊，你就得再回過頭去修改那個『出現二個聖筊的問題』。我剛剛問的問題是：『是不是這位信女的姻緣時機在明年上半年，但還要出姻緣方面的籤詩來對信女補充說明？如果是這樣的話，請給弟子三個聖筊。』然後得到了二個聖筊，因此可以確定時機點（明年上半年）問法不變，接下來要修改問法的只剩下籤詩配對的變化這個部分。

報告主考官，宗天邏輯推論法門運用在問事上非常好用，我花了好幾年的時間才研究出心得，如果三位主考官們想學，我可以教給三位主考官喔！」

問事的時候，最好要記錄你問神明的問題和聖筊數的情況

要讓問事過程更順利、更不容易出錯，有一個要點要注意：那就是不可以忘記你剛剛問過神明的問題。原因就如前文所說的，如果問事擲筊時的選項出現了二個聖筊，你就得再回過頭去修改那個「出現二個聖筊的問題」。

另外，如果你不記錄問過的問題，你之前問過且沒有得到聖筊或只有一個聖筊的問題，很有可能會不小心再重複問到，這樣等於程序上有錯誤，就算第二次或第三次問的時候，還真的硬是被你擲到二個或三個聖筊，得到的答案也是不準確的。

「你教我們宗天邏輯推論法門？哈，你把主詞、受詞放顛倒了。『你』是受詞才對喔！」中間的女主考官笑著對我說。

「我的主詞、受詞放顛倒了？是嗎？那你們是……？」我驚訝的問。

此時，左邊的主考官有點不耐煩的說：「好了，好了，你可不可以專心一點，把這個試題趕緊考完啊？不要老是考到一半不專心的老毛病又開始了，你是舊病復發嗎？」

「賀啦，賀啦，你才有病呢？」我忍不住暗自碎唸了一下。

亦可提早問看看是否有「欠點」問題

我接著繼續考試，對三位主考官說：「我剛剛問：『是不是這位信女的姻緣時機在明年上半年，但還要出姻緣方面的籤詩來對信女補充說明？』結果有二個聖筊，那就代表陳小姐的姻緣時機確實就在明年上半年，既然時機點已經確定，那麼問題當中時機點的部分就保留而不必修改，問法需要修改的部分，就只針對籤詩的配對變化而已。接著，既然籤詩配對在姻緣方面只有得到二個聖筊，那就要去思考：配對在姻緣方面的籤詩這個部分，還有哪些部分可以再做修改？報告主考官，這種情形是我幫信徒問事的時候一定會遇到的，我也相信這是每位曾經擲過筊的人必定會碰到的狀況，我早就告訴自己：這個部分一定要花時間去研究，否則一定會常常遇到瓶頸。

每逢這種時候，我就會想起神明特別教導的口訣：『不同人背後所牽涉的事情，因嚴重性及影響程度不一，神明會因不一樣的嚴重性及影響程度給不一樣的聖筊數情況來暗示你。』於是我思考：難道這位陳小姐背後有什麼嚴重且影響程度大的問題影響到她的姻緣嗎？難道是有欠點？不管是不是，還是要問看看，畢竟有沒有欠點終究還是得神明說了算，並不是我說有欠點就有欠點的。因此，我繼續修改我的問法——

『請示媽祖，是不是這位信女的姻緣時機在明年上半年，但還要出姻緣方面的籤詩來對信女補充說明，但媽祖也有查到信女到目前為止還沒有姻緣是因為有欠點影響到？如果是這樣的話，請給弟子三個聖筊。』結果，還是『沒有聖筊』。〔問題10〕

我在籤詩配對的部分加進欠點這個元素，沒有得到任何聖筊，那就代表我可以排除掉欠點這個因素，不過還是要保留『明年上半年』和『姻緣的籤詩』這二個重點部分——因為這二個部分曾經出現過二個聖筊，不可以隨意刪除掉——是我多加了欠點這個因素下去問才變成沒有聖筊的。

如何用「系統思考」去找問題的方向？

既然沒有欠點影響，那還有什麼原因會讓陳小姐沒有姻緣呢？此時就要繼續運用系統思考，要出姻緣的籤詩是二個聖筊（姻緣籤對了八十％），那麼，從姻緣這個主題分岔出去的分枝問題有哪些呢？而這些分岔出去的分枝問題又不能跟問事主題離題——分枝問題要跟姻緣有相關聯。這個分枝問題到底是什麼呢？這些問題又是如何影響到陳小姐的姻緣？媽祖到底查到陳小姐背後隱藏了什麼嚴重且影響程度頗大的分枝問題？同時，我知道媽祖已經在考驗我的問事智慧與分析能力了。

遇到二個聖筊瓶頸時的五大思考重點

每當遇到二個聖筊的瓶頸，都會讓我想起在閉關的時候，媽祖曾經在夢中教過我——

(1)**陰陽相生相剋法則**：媽祖提醒我，在問事擲筊過程中遇到二個聖筊的瓶頸時，要去悟一句口訣：『**天下萬物一陰一陽，處事之道相生相剋。**』當時我聽到霧煞煞，抓抓頭請媽祖說直白一點。媽祖告訴我，所謂的陰陽，深入來說可以是一天一地、一乾一坤、一日一月等等，現在還不必學這麼深，只要悟一正一反、一善一惡、一良一劣、一優一缺、一長一短等等道理就好。要成就一件事，大部分是要有這個人的正、善、良、優等條件一起發生相生功效；相對地，無法成就一件事，大部分是因為這個人的反、惡、劣、缺等條件互相拉扯、互相剋制而影響『內心』，只要內心受了影響，想法也會跟著受影響，想法一旦受影響，做出來的行為就會偏差，行為一偏差，就無法成就一件『事』。這個『事』很廣泛，可以是姻緣，可以是婚姻，可以是事業，可以是學業，可以是考試，可以是身體，甚至可以是運勢……，端看信徒問的是什麼問題。

(2)**法重觀念，觀念不通就不能『法變』**：雖然對媽祖給的口訣有某些程度的理解，但總覺得沒有非常透徹，於是我再問媽祖：『聖母，弟子資質較愚昧，能請祢講得清楚一點嗎？』聖母真的很慈悲，笑笑對我說：『弟子，「法」若能講得很清楚、有固定模式可依循，就不是真正的法了。

「法重觀念。」觀念懂了，就算遇到萬千信徒問的萬千問題，你都可以輕而易舉地迎刃而解。如果觀念不通，就算把法式的律令都背起來了，仍不會活用，導致當甲、乙不同的人遇到相同問題時，還是只會處理甲這個人而不會處理乙這個人——原因就在觀念不通而無「法變」』。

(3)**如果要完成一件事，需要什麼樣的條件一起發揮功效（系統思考）；如果無法完成一件事，有什麼樣的因素一起阻礙著（系統思考常用的技巧之一『反推法』，下一章會詳細介紹）**：慈悲的媽祖繼續提點我：『弟子，你的資質還算聰慧、智光還算明亮，我再多跟你講一些。除了用心去參透上面我講的那些話之外，你不是已經會系統思考了嗎？記住，我剛剛上面講的口訣精髓，其實就是：如要完成一件事，需要什麼樣的條件一起發揮功效；如無法完成一件事，有什麼樣的因素一起阻礙著。這個部分是「宗天扭轉乾坤法門」的一個重點，但在正確問出問題的「宗天邏輯推論法門」裡也會用到，你用心去參透它，只要悟徹了，天底下任何一個問題出現二個聖筊，都難不倒你。弟子，「如果要完成一件事，需要什麼樣的條件一起發揮功效；如果無法完成一件事，有什麼樣的因素一起阻礙著」這句話很有玄機，你一定要好好參透，不過，你還可以簡單地用另一個角度來思考這句話，那就是——如要完成一件事，需要什麼樣的條件一起發揮功效；如果這件事無法完成，那就是缺少可以完成這件事的那些條件。』

(4)**擲筊，透過聖筊數確認完成所問之事所需的條件**：媽祖進一步說明：『弟子，你如果知道信徒問的那件事情需要什麼條件才可以完成，這樣就可以得到三個聖筊；如果只有二個聖筊，那就再去反推：那些可以完成此事的條件裡，有哪一項是這位信徒目前還不具備、很難做到，甚至無法做到的。如果你想出來了，那就會有三個聖筊了。』

(5)**搭配籤詩配對交叉運用：**媽祖最後補充說：『你還可以搭配籤詩去交叉運用，只要你問的籤詩配對方向對了，那麼八十%的答案就出來了，剩下二十%會導致這位信徒無法完成這件事的條件，自然會在籤詩裡面告訴你。』

報告三位主考官，當我在陳小姐姻緣這個案件遇到二個聖筊的瓶頸時，便回想了過去在閉關時媽祖所教、如何從二個聖筊問出三個聖筊的夢境中的這五大思考竅門，好好溫習一次，剎那間，我忽然有了許多靈感。

往會嚴重阻礙事情發展的條件元素去思考

於是我開始思考：一個人若要有姻緣需要什麼條件（系統思考）？就是這位陳小姐的條件還未俱足（反推法），才會至今還沒有姻緣。此外，導致陳小姐至今都沒有姻緣的條件的嚴重性和影響程度一定很大，否則神明不會在我最初問姻緣時間點範圍時都沒給出指示，而一直問到姻緣時機在明年上半年並出姻緣籤詩補充說明時，也才只給二個聖筊。由此可見，接下來必須往**會嚴重影響一個人沒有姻緣的條件**去思考。

一個人要有姻緣基本有內、外二大類條件：

(1)**內因條件：**包含了內心想法、個性、脾氣、愛情觀等等。

(2)**外緣條件：**包含了是否單身、交友狀態、交友習慣、對對象的設定標準等等。

在這當中，有些條件不需要問神而直接跟當事人求證就好，比如說陳小姐是否單身，我就是直接在一開始時就問：『妳目前有對象嗎？』陳小姐給我的回答是：『目前沒有。』既然當事人目前沒有對象，『不是單身』這個疑慮就可以去除掉，那就只剩下內心想法、個性、脾氣、愛情觀、交友狀態、交友習慣、對未來對象的設定標準……等等了。

將問題解析到這裡，已經有許多分枝問題出現，但在繼續請示媽祖之前，我必須好好整理一下自己的思慮，以免腦袋被太多的資訊給癱瘓掉。

(1)已經確定欠點這個條件可以排除掉了，因為剛剛問過且沒有任何聖筊。

(2)時機點在明年上半年，這個部分有二個聖筊。

(3)要搭配姻緣的籤詩，這個部分有二個聖筊。

整合上面三點，我接著繼續修改我的問法：

『請示媽祖，是不是這位信女的姻緣時機在明年上半年，但還要出姻緣兼個性方面的籤詩來對信女補充說明？如果是這樣的話，請給弟子三個聖筊。』結果是『二個聖筊』。（問題11）

這次我再加入『個性』這個元素，已經有二個聖筊出現了，這代表的是陳小姐還沒有姻緣『似乎』跟個性有關係，但仍然沒有三個聖筊，所以不能判斷陳小姐目前還沒有姻緣只跟個性有關。

每次出現新的二個聖筊時，我都會再次重整剛剛所問過的問題，讓自己有目標及方向再繼續往下問。到目前為止我已經排除掉欠點這個條件，而出現二個聖筊的有：

⑴時機點在明年上半年，這個部分有三個聖筊。
⑵要搭配姻緣的籤詩，這個部分有三個聖筊。
⑶要搭配姻緣兼個性的籤詩，這個部分有三個聖筊。

於是，這次我再加入一個新條件並繼續修改我的問法：

『請示媽祖，是不是這位信女的姻緣時機在明年上半年，但還要出姻緣兼個性以及內心想法方面的籤詩來對信女補充說明？如果是這樣的話，請給弟子三個聖筊。』結果是『三個聖筊』。〔問題12〕

整個問事過程中，我總共加了三個新條件，歷經三次修改問法，終於有三個聖筊了！

此時，問事人員接著要做的事，就是跟當事人解釋，到目前為止我們幫她問出了什麼結果，並且讓當事人知道目前整個問事進度進行到哪裡——如果問事人員沒有這樣子做，當事人當下一定會感到很困惑。

所以，我對陳小姐說：『到目前為止，我幫你擲筊問事，已經問出你的姻緣時機確定是在明年的上半年，但是媽祖又要出你的「姻緣兼個性及內心想法」的籤詩來補充說明。這是什麼意思呢？這個邏輯就是媽祖要提醒你：你不是沒有姻緣，你的姻緣時機在明年上半年，但是你的個性及內心想法深深影響到你的姻緣，如果媽祖不先提醒有這方面的問題，光只告訴你姻緣時機在什麼時候，對你的姻緣將沒有太大幫助。至於你的個性及內心想法有什麼問題，則要等到籤詩抽出來才可以做最後判斷。現在，就開始來抽你「姻緣兼個性及內心想法」的籤詩吧！』

宗天宮雙系統籤詩抽籤步驟

宗天宮依神明指示，要讓信徒更加瞭解籤詩的微妙細節，採用六十甲子＋百首籤詩搭配的雙籤詩系統，須先抽六十甲子籤詩，抽完後再抽百首籤詩兩支（只有兩支）——六十甲子籤詩（大方向）的籤詩數量會依據指示的多寡而有所不同，但百首籤詩（細節說明）只有二支。獲得神明三個聖筊允許抽籤後，正確的抽籤程序如下：

▼**第一步**：首先抽六十甲子籤詩，開始抽第一支籤時，沒有獲得三個聖筊的籤要放在旁邊，不能再放回籤筒，以避免抽到重複的那支籤，直到抽到有三個聖筊的籤為止。

▼**第二步**：出現第一支有三個聖筊的籤後，要請示神明有沒有要出第二支籤，如果有，請賜一個聖筊。注意，問有沒有要出下一支籤只要一個聖筊，不必三個聖筊。

▼**第三步**：如果沒有一個聖筊，就表示整個抽籤程序正式完成了。如果有一個聖筊，那就要再繼續抽下一支籤。

▼**第四步**：若需要再抽下一支籤，把剛剛那些沒有三個聖筊的籤重新放回籤筒繼續抽。

▼**第五步**：六十甲子籤詩確定後，再抽雷雨師一百籤。判斷是不是該籤詩的標準同六十甲子籤詩，但固定要抽二支籤詩。

用雙系統籤詩解開二個聖筊的分枝問題玄機：為何籤詩說的跟你講的不同

媽祖總共出了一支六十甲子籤詩、二支百首籤詩。

配對：姻緣兼個性以及內心想法		
六十甲子籤	雷雨師百首籤	
第一支	第一支	第二支
癸卯籤　武則天竄唐、楊戩得病在西軒 病中若得苦心勞，到底完全總未遭，去後不須回頭問，心中事務盡消磨。	壬戊籤　姜女尋夫 一春風雨正瀟瀟，千里行人去路遙，移寡就多君得計，如何歸路轉無聊。	乙乙籤　蘇武牧羊 營為期望在春前，誰料秋來又不然，直遇清江貴公子，一生活計始安全。

宗天宮使用的籤詩是整合六十甲子籤與雷雨師百首籤的雙系統籤詩，這種抽籤方式非常獨特又精準，而宗天宮是全國唯一使用這種抽籤方式的廟。

雙系統籤詩的精妙之處在於：六十甲子籤詩解的是『大方向』，雷雨師百首籤解釋的『大方向裡面的微妙細節』。以這位陳小姐的案件為例——

(1)媽祖出了一支六十甲子籤（癸卯籤），重點在提示陳小姐有心理障礙，即大方向。

(2)二支雷雨師百首籤講的是陳小姐有心理障礙與造成心理障礙的原因，即大方向裡的微妙細節。

看了這三支籤詩，我內心開始產生疑慮。怎麼說呢？請主考官繼續聽我說下去。

用六十甲子籤詩解大方向

癸卯籤講的是當事人有心理障礙，而詩句『病中若得苦心勞』指心生了病，即所謂的心結、心病，而且在當事人內心深處根深蒂固，導致她痛苦不堪，到現在還沒有辦法走出這個病境。然而，實際情況並沒有想像的糟，只要當事人能夠放下過去產生心結的那一段經驗，把傷心回憶付諸東流至江洋大海中，將重心放眼於未來，那麼，心中所有不愉快的事情就可以消除殆盡。

我的第一個疑慮就在這裡開始產生，媽祖指示這支籤詩的配對是在陳小姐的姻緣兼個性及內心想法，既然癸卯籤講的是心理障礙、心病、心結，便可邏輯推論：陳小姐的姻緣方面有心理障礙、心病與心結。我立刻回想起第一次幫陳小姐問姻緣時機時，整整二年、涵蓋四個半年的時機點範圍都沒有一個範圍內有三個聖筊，甚至連二個聖筊都沒有。

因此，我開始做一個聯想：『難道癸卯籤所講的這個心理障礙、心病與心結，就是最初媽祖不指示陳小姐姻緣時機在什麼時候的背後主因？』

不過，疑慮畢竟是疑慮，還是得把剩下的二支雷雨師百首籤解完，才能進一步做全盤的判斷，而接下來的解籤重點，就要放在產生心理障礙、心病與心結的背後原因。

用雷雨師百首籤詩看微妙細節

▼雷雨師壬戊籤——陳小姐與心愛的人分離：壬戊籤的歷史典故是『姜女尋夫』。姜女就是孟姜

女，夫是萬杞良。萬杞良在新婚之夜被秦始皇徵召去修萬里長城，孟姜女十分思念丈夫，千里迢迢去萬里長城尋找萬杞良，遺憾的是——當孟姜女千辛萬苦來到萬里長城，卻發現萬杞良已經死了。這支籤詩解完之後，我心生第二個疑慮：『姜女尋夫』這個典故暗喻抽籤的人與相愛的人分離——陳小姐跟心愛的人分離。難道這就是媽祖所說的心理障礙、心病與心結？

▼雷雨師乙乙籤——陳小姐要經過很長的時間才有可能看到成果：乙乙籤的歷史典故是『蘇武牧羊』，漢武帝派中郎將蘇武擔任使節的正使，率領一百多人的和平使團到匈奴，欲與匈奴重修舊好，卻被捲入匈奴內部的叛亂裡面，結果被匈奴人扣在北海整整十九年才回到漢朝。第二支百首籤詩解完後，我又心生第三個疑慮：『蘇武牧羊』這個典故是在暗喻抽籤的人要經過一段很長的時間才有可能看到成果，若再整合上一支籤詩的典故『姜女尋夫』，不就在暗示陳小姐與相愛的人分離很久，並且要經很長的時間才有可能看到成果？

整合六十甲子籤詩＋雷雨師百首籤詩

將三支籤詩的意思考慮清楚之後，就要開始整理整個解籤思緒。首先，解籤一定不能偏離神明所指示的配對方向，這點非常重要，一旦偏離配對方向，解出來的籤詩一定會解錯。媽祖指示要出陳小姐姻緣兼個性及內心想法的籤詩，然後抽出了六十甲子籤詩的癸卯籤、雷雨師百首籤詩的壬戌籤和乙乙籤，那麼，從邏輯上來推論就是——

(1)媽祖一開始不指示陳小姐的姻緣時機在什麼時候，是因為陳小姐有心理障礙、心病與心結。

(2)陳小姐的心理障礙、心病與心結，跟與心愛的人分離有關。
(3)陳小姐跟心愛的人已經分離一段很長時間，但她對這個人還是念念不忘。
(4)陳小姐跟心愛的人已經分離，而且一直到現在都還在等這個人回來，不過，這個人如果要回來，恐怕得要一段很長的時間才有可能。
(5)歸納上面四點，就可以清楚回答第一點的問題了：造成陳小姐心理障礙、心病與心結的這個問題如果沒有先解決，就算神明告訴她姻緣時機在什麼時候也沒有用，因為她的心無法接受其他段姻緣，還是執著在那一位已經分離的人身上。

以上五點，便是我當時解完籤後大致整理出來的歸納，至此陳小姐要問姻緣時機的案子已經有九十％的輪廓浮現了。然而，為求謹慎，還是要跟當事人做確認。

終於從二個聖筊問出三個聖筊，找到案件背後不為人知的玄機

我跟陳小姐說：『陳小姐，今天你來問自己的姻緣時機，一開始整整二年、涵蓋四個半年的時間點範圍，都沒有出現時機點，最後，媽祖指示姻緣時機在明年上半年（明年農曆一月至六月），但還要出你的姻緣兼個性及內心想法的籤詩，這樣才有三個聖筊。這個邏輯代表：媽祖認為跟你講姻緣時機點並不那麼重要，更加需要注意的是，你的個性及內心想法反而影響你姻緣更大。換句話說，如果沒有先提醒這個影響程度大的問題，姻緣時機點對你來說根本沒有用。

我剛剛看了媽祖出的三支籤詩，有一點覺得挺奇怪的。籤詩說你至今還沒有姻緣跟一個人有關

係，對方深深影響你的姻緣——正是因為他，讓你內心深處有了心病跟心結，至今仍然無法走出來，內外煎熬，痛苦萬千。

我比較好奇的是，一開始你跟我說你目前沒有對象，所以我才會認為把姻緣時機問出來就可以了，但從媽祖所賜的籤詩來看，情況並不像你所講的那樣，因此，冒昧再問一次，你現在真的沒有對象嗎？還是……，當然，如果你不想說，也沒有關係。』

問事問了二十幾年，我明白也能體諒有些信徒不會把一些極隱私的事情全都說出來，但陳小姐這個案件發展到現在，**籤詩所講的跟當事人所講的內容兜不起來，為了求問事的準確性及嚴謹性，一定得再跟當事人核對一次。**

聽了我的解籤和詢問，也許籤詩裡暗示的這個人真的讓陳小姐受過很大的傷痛，她的眼眶漸漸地紅了起來，開始娓娓道來。『王老師，籤詩講的是對的。先前我確實有一位交往六年的男朋友，在交往到第四年時論及婚嫁，甚至也開始籌備婚事了。在籌備婚事的過程中，因為對習俗的認同不一樣，各自有各自的堅持，我們吵架吵了很多次，鬧得十分不愉快，最後協議婚事暫緩。所以，婚事就沒有再繼續籌備下去，但我們還在一起。一直到第六年，我男朋友認識了一位林小姐，他自己跑去問算命老師到底我跟那位女生哪一位比較適合跟他結婚，結果算命老師跟他說：「你跟她們二位中的哪一個結婚都一樣，因為都會跟另一方外遇，也就是說如果跟林小姐結婚，就會跟陳小姐外遇，如果跟陳小姐結婚，就會跟林小姐外遇，所以都一樣。」』

聽到這裡，我瞠目結舌到說不出話來。天下竟然有這種事，竟然有這種算命老師，說跟林結婚就會跟陳外遇，跟陳結婚就會跟林外遇——這是什麼邏輯？簡直胡說八道！荒謬至極！

『然後呢？』我問陳小姐。

『然後，我男朋友跟我提出分手，跟那位林小姐結婚了。』陳小姐哭著說。

聽到這裡，我繼續詢問陳小姐說：『那麼，對方現在也已經結婚了，所以，你現在仍然單身沒錯，但是因為忘不了對方而無法接受新戀情跟姻緣，是不是這樣子呢？』

陳小姐邊擦眼淚邊搖頭說：『我知道我做錯事了，老師……，我……三個月之前我才去把小孩拿掉……』

『你三個月之前去拿掉孩子？』我不解地回問她。

陳小姐點了點頭。

『你不是單身嗎？那麼，孩子是誰的？』我心裡忍不住這樣想著，於是開口問她，『那這個孩子是……？』

『是我前男友的……』

『喔，我懂了，你前男友結婚之後又跑回來找你，你們偷偷在一起了，是這樣嗎？』

陳小姐回：『對。他不知道我懷孕了——我本來想偷偷生下這個孩子，並不打算讓他知道。只是，有一次我去產檢，醫生說胎兒的染色體異常，而異常的染色體往往會有造成胎兒各式各樣先天畸形的風險。我很傷心，但是考慮了一段時間後，還是做出拿掉孩子的決定。』

聽完陳小姐這段傷心往事，我不免跟著傷感起來，同時也終於體會到，一開始問陳小姐姻緣時機的時候，媽祖都不做任何指示的背後原因了。這段傷心事真的傷得陳小姐很重，聊到這裡時，她的情緒很快就崩潰了，尤其是講到拿掉孩子這一段，哭得更是傷心，跟一開始她在擲筊的時候判若兩人。好好的一個女生，青春就這樣一年一年逝去了，不但婚沒有結成，還變成了已婚前男友的外遇對象，最後還因為肚子裡的孩子有問題，逼不得已把孩子拿掉——面對這種打擊，如果沒有強大的意志力撐著，是很難承受得了的，甚至還有可能做出想不開的事。

等待陳小姐稍微平靜一點後，我對她說：『事情已經過去了，接下來你要做的事應該是盡快忘了已婚的前男友，不要再跟他接觸了，這樣你才能比較快走出低潮。就像媽祖出的六十甲子籤詩癸卯籤所講的，你的坎坷已經過去了，你的人生其實沒有那麼糟，神明已經查到，還有一個美好的未來正等著你呢！我知道你需要時間，但還是希望你在今年下半年前可以完全走出這個陰影，好迎接明年上半年另一段姻緣的到來，明年農曆一月一到，如果有人要介紹朋友給你認識，或有一些聯誼的活動邀約，你都要盡量去參加，媽祖會保佑你早日遇到正緣的，加油！』

聽我這麼說，陳小姐的心情似乎也平復了許多，我在她回去之前要她再稍待一會兒：『離開之前，你再跟媽祖上一次香吧，我幫你跟媽祖講一下，誠心祈求媽祖暗中給你力量，助你早日走出這段人生低潮。』上完香之後，我就看著她慢慢出了廟門走往停車場，然後開車離去……。

隔年的農曆三月——媽祖聖誕的那個月，大概是早上十一點的時候，我在宗天宮再次遇到了陳小姐，一開始我還真認不出她來了，直到她向我打招呼，我才記起來。

那天，正好宗天宮因為媽祖聖誕有舉辦活動，起初我以為她是來拜拜的，沒想到，她對我說：『王老師，上次來問事完回去的第二天晚上，我做了一個夢：「我已經往生的阿嬤來我房間，拿了二張身分證給我看。我一看，身分證上面的照片都是男生。奶奶指著身分證的照片對我說：『你還有姻緣，就在這裡，不要放棄喔！』我哭著對阿嬤說：『阿嬤，我怕我會堅持不住，再去找他。』

阿嬤聽了，抱住我的頭微笑說：『憨孫ㄟ，阿嬤送你一句話，你要記住──寧願因認清而分離，也不要愛的沒有結局。』」然後，我就醒過來了。

王老師，我是一個很少做夢隔天還會記得的人，但這個夢我卻記得非常清楚——尤其是最後我阿嬤對我講的那一句「寧願因認清而分離，也不要愛的沒有結局」，我到現在都還記得！那次我醒過來後，就發覺自己整個心態變了，不再鑽牛角尖了，我忽然有勇氣放下了，也意識到應該要好好愛自己、好好去尋找我的未來了。我看過老師的《解夢經典》，知道這個夢大致上的意思，也知道這二張身分證的意思就是在講我的姻緣。王老師你知道嗎？很奇妙耶，我在年初參加了一場公務人員的聯誼活動，認識二位不錯的對象，他們的條件都很好，也都對我非常好，但是我不知道該如何選擇，所以今天特地來請示媽祖哪一位才是我的正緣。』

聽到這個消息，我真的很替陳小姐高興，從去年的低潮到今年整個心態大轉變，就連氣色、外表都有精神、自信許多。我很開心的說：『太好了，你的美好未來就快到了，但是這二位……』一聽到我說『但是』二個字，陳小姐笑得很燦爛的臉瞬間垮下來，緊張的問：『王老師，但是什麼？是他們二位都不適合我嗎？可是我只有對這二位比較有好感而已耶，其他都沒有感覺啊！老師，你是不是有夢到什麼？』

『……但是這二位，要擲筊請示媽祖哪個是正緣的話要晚一點，廟裡面現在有活動，沒有空間擲筊，我要說的是這個，妳在緊張什麼呀？』我笑笑的回陳小姐。

『哈哈，嚇我一跳！』陳小姐吐了一口氣，拍拍胸口，笑著回我說。

又經過了半年，陳小姐終於要結婚了，還請我幫忙看結婚日期。這個案子，從陳小姐來問事的那一天，到要結婚的那一年，整個過程至今我仍然記憶猶新，陳小姐的心態跟人生價值觀可以說有了一個大轉變。我相信，在這個過程中，她一定相當掙扎過、痛苦過，而且這些痛苦是他人無法體會的。然而，不管如何，畢竟她已經走過來了，一切都過去了、都過去了，即將要來的就是迎接美好幸福的人生。陳小姐，媽祖會保祐你的，一定要幸福喔！

從這個案例我學到什麼：從眾多可能因素，一一排除不符合的

報告三位主考官，每次完成一個案件，我都一定會把這個案件從頭到尾再做一次總檢視，這是我問事二十多年以來一直維持的習慣，這個習慣不只幫助我問事能力大大提升，還增進了我邏輯思考的能力，在每個案件的總檢視過程中，可以累積寶貴的問事經驗——智慧是經驗累積的結果。正因為有這樣有錢也買不到的經驗的幫助，我在問事擲筊的過程中，不論是遇到多難的問題或多複雜的案件，甚至是我從沒遇過的新案件類型，都不必花太久的時間，就能夠很快的理出頭緒，並且精準地問出答案。

其實，這是我在港口宮閉關時媽祖交代我要這麼做的——**問事人員最好都要保有溫故而知新的習慣**。現在，我要把這個案件再做一次總檢視了。

(1)當事人陳小姐單身，想知道自己的姻緣時機在什麼時候？

→一連問了整整二年、涵蓋四個半年的時間點範圍，媽祖都沒有指示時機點。

↓此時要思考：怎麼會都沒有時機點？會不會是媽祖還在查明案情，還不到指示的時候，需要再等一下呢？

↓想知道是不是這個原因，就要問：『是不是媽祖還在查明，等二小刻弟子再請示？』

↓看這樣問了之後，得到什麼樣的結果，再依照這個結果做下一步的問法修正。針對這個問題，媽祖沒有給任何的聖筊。

↓這是什麼意思呢？這說明媽祖沒有指示姻緣時機在什麼時候，並非因為祂還沒查明清楚。

(2)既然媽祖不是還未查明案情，那就要再修正問法。

↓這次，除了一樣問四個半年的時間點範圍，多加上了出姻緣籤詩，看這樣問會得到什麼結果，然後再依照這個結果做下一步的問法修正。出現的結果是：四個半年的時間點範圍內，只有在明年上半年這一個期間出現二個聖筊

↓這又是何意？這說明姻緣時機在明年上半年，且要出籤詩補充說明，但不只出姻緣籤詩，因為姻緣籤只有二個聖筊，而非三個聖筊——邏輯推論來說，除了姻緣籤，可能還有其他籤詩。

(3)至此，我已經排除掉二個因素，一是媽祖還沒有查明清楚，二是四個半年的時間點範圍只有明年上半年有二個聖筊，其他三個時間點範圍都沒聖筊，所以可以排除掉。請注意，問事人員一定要學會『從眾多的可能因素一一排除掉不符合的』，剩下的就離答案不遠了。**至於已經排除掉的因素，接下來問事擲筊時就不要再去思考媽祖不指示的原因是這個或這些因素，否則就是自己在干擾自己，自找麻煩**。接著，再次修改問法——在修改問法時，主要就是運用「系統思考從二個聖筊問出三個聖筊的思考五大竅門」。

↓這次我問：除了問姻緣時機在明年上半年，我加上了要出姻緣兼欠點的籤詩補充說明，結果沒有任何聖筊。

↓這是什麼意思呢？這說明了姻緣時機在上半年且要出姻緣和其他籤詩，但跟欠點無關，所以可以排除掉欠點這個因素。

(4)至此，我又多排除掉欠點這個因素了，**排除愈多因素，愈不會干擾思考——因素愈少，思考的方向就可以愈簡單化**。接著繼續修改問法——

↓這次，除了問姻緣時機在明年上半年，我加上了要出姻緣兼個性的籤詩補充說明，看會得到什麼結果，再依照這個結果做下一步的問法修正。結果媽祖給了二個聖筊。

↓這是什麼意思呢？媽祖再次指示姻緣時機在上半年沒錯，但不只是要出姻緣兼個性的籤詩，應該還有其他的配對籤詩。

(5)繼續修改問法——

↓這次我問的是：姻緣時機在明年上半年加上要出姻緣兼個性及內心想法的籤詩補充說明，並且終於得到三個聖筊。

↓雖然已經出現三個聖筊，但是還不能太高興得太早，而要先瞭解配對在『姻緣兼個性及內心想法的籤詩』是什麼意思？很簡單，我都是用『反推』的（即缺了哪些因素或哪些因素出問題 P123），神明之所以出姻緣兼個性及內心想法的籤詩補充說明，就代表陳小姐是因為個性及內心想法出了問題，才導致姻緣出問題。這個觀念很重要，所以我再具體說明一次：**神明會指示要出當事人『某方面的籤詩』，就是在暗示當事人在『某方面出了問題』，所以解籤時，方**

向就要從『某方面下去解』，這樣籤詩的分析才會百分之百精準，而直接找到病灶。不然，神明為什麼一開始都不指示姻緣時機，偏偏要到指示出姻緣兼個性及內心想法的籤詩，才會有時機點——如果某方面沒問題，神明應該不會去講到某方面。從邏輯上來看，媽祖指示了姻緣兼個性及內心想法的籤詩，就是在指陳小姐的個性及內心想法有嚴重問題，而這個問題遠比知道姻緣時機在什麼時候更重要——問事過程中進行邏輯推論找問題，有時其實很簡單，不要把它想得太複雜，否則反而會自己干擾到自己。

(6)接下來，就是要正確的解籤了。

↓解媽祖出的三支籤詩並和當事人確認，得到的結果是：陳小姐至今沒有姻緣，原因出在她之前跟已婚的前男友藕斷絲連、繼續交往，甚至還懷孕了，最後不得已把肚子裡面的孩子拿掉。瞭解陳小姐的辛酸過去之後，再回顧整個問事的過程，證明了籤詩內容跟我們所做的邏輯推論是正確的。

↓陳小姐的內心狀態跟愛情觀正陷於天人交戰，若沒有人從旁把她從泥沼中拉出來，世界上難有永遠的祕密，一旦東窗事發，不敢想像她屆時該如何處理自己的生活甚至生命。媽祖是對的，也真的很厲害，這個嚴重的問題若沒有先跟陳小姐道破，光跟她講姻緣時機，她聽得進去嗎？搞不好會發生「新的姻緣來但仍背著現任男友私下跟已婚的前男友藕斷絲連」的情況。

↓一個頂尖的問事人員絕對不能『頭痛醫頭，腳痛醫腳』，一定要從擲筊的過程當中，從筊的跳動和得到的聖筊數，再運用邏輯推論法門去觀察、發現、推論、反推神明到底跟我們暗示了什麼——這是一個頂尖的問事人員必備的能力。

以上便是我回答考題的內容，非常感謝三位主考官用很大的耐心、花了一個多小時聽我解題，如果有講的不清楚的地方，再請三位主考官多多包涵。」

三位主考官一直點頭，中間的那位女主考官笑得尤其開心，「你講得非常好、非常正確，難得你可以把擲筊問事的知識發揮到這種程度，真的不簡單。我坦白跟你說，我們三位對你的期待非常高，若有機會且因緣成熟，希望你將來不吝於把這套宗天法門傳授給其他的廟、神、人，讓大家一起促進問事的科學化、邏輯化，讓宗教濟世救人的精神發揚光大。不錯，不錯，難得，難得。」

「謝謝三位主考官，我會記得的。不過，我現在最想知道的是這次考試我得幾分？」

中間的女主考官回答我說：「九十分。」

「啥，才九十分？你有沒有算錯？商量一下，可以再多個幾分嗎？九十五分可以嗎？」我有點不悅、失望卻有點期待地問。

就在此時，右邊的主考官忽然用很快的速度站起來，用食指著我，正準備要開口。我立刻就知道大事不妙了，便搶在他之前先聲為快：「好好好，九十就九十，你別生氣，謝謝，你請坐。」

「還多個幾分咧，你有事嗎？搞不清楚狀況！」右邊的主考官眼帶怒氣地看我，邊喃喃自語。

閉關夢醒

以上夢境，就是我閉關時媽祖在夢中教我如何使用宗天邏輯推論法門，從問事當中常出現的二個聖筊瓶頸問出三個聖筊的訣竅。在運用宗天邏輯推論法門時一定要懂得融會貫通，並且要會「因

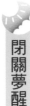

人而異、因事而異、因時而異」做變化，若能夠如此，問事的過程中不管遇到多複雜或多難問的案件，都能運用自如。閉關時，媽祖不只是教我問姻緣時機，為了要讓大家更瞭解當中的訣竅，我會再多舉幾個運用媽祖閉關時教我的法門所處理的實際案件，並說明在面對不同類型的案件時且遇到二個聖筊的狀況時，要如何使用宗天法門從二個聖筊問出三個聖筊。

把這個法門學好，大家不只可以自救，也可救人，這便是宗天宮建廟的宗旨之一：推廣教育，先自度而後再度人。宗天宮將來也會開班授課講解宗天法門，讓這個法門可以代代相傳。

當想要「找時機」而使用時機辨識法，可能會遇到這些狀況……

▼某一個時機點範圍出現三個聖筊

↓假設在四個半年度的時間點範圍裡，問到第一個半年度出現三個聖筊，後面三個時間點範圍就不用再問。

↓假設在四個半年度的時間點範圍裡，問到第二個半年度出現三個聖筊，後面二個時間點範圍就不用再問。

↓假設在四個半年度的時間點範圍裡，問到第三（或第四個）半年度出現三個聖筊，而前面第一、二個時間點範圍（一至三個時間點範圍）雖有出現二個聖筊的狀況，時機點還是以出現三個聖筊的時機點範圍為主，至於前面有得到二個聖筊的時點間範圍，這二個聖筊就沒有太大的意義。

▼每一個時機點範圍都是一個聖筊或沒有聖筊（要確定神明已經查明案件了）

↓有這種情況是神明在暗示：有比時機點更重要的事，而且通常影響程度很大——若不注意，問出時機點也沒用，所以要先問出更重要的事是什麼。

↓此時就要用「系統思考」問出這個「更重要的事」，接著要再繼續問出時機點，這樣才算是完整的問事過程。本章案例運用「時機辨識法（找時機）＋雙系統籤詩（找更重要的事）」同時一起問，也是一種問法。

▼有某個或數個時機點範圍出現兩個聖筊，但沒有任何一個時間點範圍有三個聖筊

↓出現二個聖筊的時間點範圍就是答案，接著繼續用時機辨識法更具體的問出時機點是不是在某個月分。

↓如果用時機辨識法具體問某個月分仍問不到三個聖筊，可以把二個聖筊的時間點範圍再搭配籤詩找出影響時機點的「其他元素」，來問出三個聖筊。以問姻緣為例，假設今年上半年、明年上半年都有二個聖筊時，可以這樣問：

⑴是不是今年上半年跟明年上半年都有時機，但還要出姻緣的籤詩來補充說明。

⑵是不是今年上半年跟明年上半年都有時機，但還要出姻緣兼個性的籤詩來補充說明，以此類推。

案例 2 買房攻略問法篇：到處被趕無以為家

系統思考的「相生、相剋法」——反推法

除了引導大家如何融會貫通使用時機辨識法、雙系統籤詩等技巧來系統思考，以邏輯推論出真正的問題，本章會將很大的比例放在系統思考的概念運用——因為它是邏輯推論法門的重要主幹，此外，我還會比較細節的說明一下另一個**系統思考的輔助技巧「反推法」**，這個技巧在上一章問陳小姐姻緣時機的分枝問題時就已經出現了，但本章會比較重點地解釋。

現在，我就要透過買房的例子來詳談邏輯推論法門的運用。先跟大家說，將來有想要買房子的人一定要好好的仔細閱讀、體會、參透這個案例的奧妙之處，本章將透過擲筊的方式來說明問**買房事宜的竅門有哪些**。這裡面藏有大大的學問，我在閉關的時候，宗天宮天官紫微大帝及媽祖可是用了蠻長的時間教授我呢！

就算你目前沒有買房的需要，但若你能夠融會貫通這個案例講到的思考技巧，對你問任何案件同樣會有大大的幫助——尤其是在擲筊跟神明溝通的時候，它能幫助你好像是在人與人之間直接交談那般的沒有障礙。

案件二・買房攻略問法篇》到處被趕，無以為家……

這天，一對陳姓夫妻帶著分別讀國小一年級、二年級的孩子來宗天宮問事，主要是要問買房子的事。當天屏東艷陽高照，但陳先生卻一臉天空佈滿烏雲即將下大雨般的愁容。相由心生，看到陳先生和陳太太的表情，我內心已經猜到他們應該是遇到什麼大問題了。

「今天來主要是要問什麼事呢？」我問陳先生說。

陳先生解釋了起來：「王老師，今天主要是要問買房子的事。事情是這樣的，我跟太太在做臭豆腐的生意，大約一年半以前，因為做生意需要放一些器具，所以，我們租了一間店面式的房子。開始營業之後，生意一直還不錯，客源也都有進來。不過，好景不長，差不多做了半年左右，鄰居開始抗議臭豆腐的味道很不好聞，希望我們改善。

我們也很無奈，臭豆腐原本就味道很重，再怎麼改善，還是會有味道，鄰居也因而一直來抗議，我們只好跟房東商量：雙方各退一步，房子我們繼續租下去，但改變營業方式，不在店內營業，改成用流動小貨車把臭豆腐載出去賣（在店內製作好後載出去賣）——我跟太太討論過，雖然這樣會比較累（小孩子還要跟我們出去做生意），但如果大家可以接受、各自稍退一步的話，那我們也沒什麼不可以的，最後，就與房東達成了協議。

只是，差不多才又過了二、三個月，鄰居又來抗議味道太重了——甚至連那種『就是因為我們家臭豆腐的味道，才會讓她的婆婆得癌症』這種話都說出來了，我能體會房東承受左鄰右舍很大的壓力，是在無可奈何之下勸我們搬走的，所以只能黯然的搬離開。

在還未找到店面之前，我們家根本就沒有收入，那段期間，說穿了就是靠吃老本過日子，我們很心疼二個小孩一直跟著我們夫妻四處奔波。經過一個月的尋找，我們終於又找到一間店面可以承租了。只不過，同樣的問題又發生了，生意做沒幾個月，鄰居就又抗議味道太臭，搞得房東不得不勸我們搬走。更慘的是，我那讀國小一年級的次子得了腸病毒，家裡又沒收入，簡直是蠟燭兩頭燒，完全不知道如何是好。待孩子腸病毒好了，我就跟我太太商量，這樣一直下去也不是辦法，前前後後一年半的時間，幾乎都用來搬家，倒不如就買一間適合做生意、鄰居又不會抗議的店面來做生意。我太太也同意了，所以今天來就是想問買房子的事。」

房子要往哪個方向找？

聽完他們的經歷，我可以體會陳姓夫妻倆為了生計、為了給二個孩子一個安定的成長環境，經歷過不少的考驗，在被迫搬家的日子裡，也一定看盡了人情冷暖，我心想一定要盡己所能幫他們。於是，我問陳先生：「你今天要問買房子，那你看過房子了嗎？有把地址抄下來嗎？」

「沒有。」陳先生愣愣地回答。

最正確的找房子問法，其實不應該限縮找房子的範圍

聽到陳先生的回答，我很疑惑地問：「沒有看過房子也沒有地址可以問，那麼，我要怎麼幫你問買房子的事呢？一般要來問買房子，都要有地址，神明才能夠按照地址去查看這間房子適不適合買，這樣子才對喔！」

「這樣的話，我可以問往哪個方向去找房子比較有機會嗎？」陳先生問。

我回答陳先生說：「這樣不是不能問，的確有些人認為這樣問比較省時，這雖然沒有錯，我卻比較不贊同這種問法——因為這會限縮住你找房子的範圍。正確的做法應該是：先不要設限範圍方向，每個範圍都嘗試去找看看，看能不能找到適合的店面或房子。找房子有時候真的要看機緣，一間房子這麼貴，要慢慢找而不能心急，畢竟房子一買下去就都成定局了，難道不該謹慎一點嗎？此外，你們做臭豆腐的生意，得找一間店面式且不會被抗議的房子會比較適合。

不過，你目前生意停擺，沒辦法做生意就沒有收入，一家四口都要生活，我知道你內心一定十分著急，又一家子從這麼遠來問事，我也不好意思讓你們大老遠白跑一趟。雖說我比較不贊成這樣問，但也不是完全不能這麼問。這樣好了，我還是先幫你問一下找房子的範圍方向，看看媽祖會有什麼樣的指示，再做下一步的打算。」

之後，我便開始跟媽祖稟告——

「奉請宗天宮聖母列位眾神，今天陳弟子一家從桃園千里迢迢來到宗天宮，誠心祈求聖母指點迷津。陳弟子需要做生意維持一家生計，無奈遇到許多波折，使得生意無法繼續做下去，導致現在全家毫無收入。為今之計，就是想要趕快自己買一間適合做生意的店面，避免重複發生之前被迫搬家的情況。不過，要找適合的店面需要時間，弟子全家又沒有收入，總不能這樣一直坐吃山空下去。媽祖一定知道，陳弟子搬過二次店面的主要原因，所以祈求媽祖指示哪個範圍內所找到的店面不會再發生過去的問題，又因時間有限，所以想祈求媽祖指點迷津，往哪一個方向去找可以找到適合陳姓弟子做生意的店面，以及能遇到事業上的貴人，誠心祈求媽祖慈悲指點迷津。」

當東南西北某一方向出現「二個聖筊」所代表的意思

開始擲筊時，我這樣問——

「請示媽祖，如果以現在陳弟子住的地方為中心點往東的方向，可以找到適合做生意的店面的話，請給弟子三個聖筊。」結果是「沒有聖筊」。〔問題1〕

「請示媽祖，如果以現在陳弟子住的地方為中心點往南的方向，可以找到適合的店面的話，請給弟子三個聖筊。」結果是「三個聖筊」。〔問題2〕

「請示媽祖，如果以現在陳弟子住的地方為中心點往西的方向，可以找到適合的店面的話，請給弟子三個聖筊。」結果是「二個聖筊」。〔問題3〕

「請示媽祖，如果以現在陳弟子住的地方為中心點往北的方向，可以找到適合的店面的話，請給弟子三個聖筊。」結果是「沒有聖筊」。〔問題4〕

解筊時，以現居地為中心，將得到三個聖筊和二個聖筊的方向套用到實際的行政地理位置

四個方向全部問完之後，我先跟陳姓夫妻做解釋：「往南得到三個聖筊，往西只有二個聖筊，其餘往東、往北都沒有聖筊，那就表示媽祖指示你先往南方去找店面，或許你在南方會找到適合你們做生意的店面。」

就在這個時候，陳先生開口提問說：「王老師，往西的方向有二個聖筊，那麼，往西這個方向也要找嗎？」

我回答道：「往西的方向也要找，但只有二個聖筊，針對這種聖筊數的情況，有幾種解釋。」

大園區
蘆竹區
觀音區
龜山區
桃園區
中壢區
新屋區
八德區
楊梅區
平鎮區
大溪區
龍潭區
復興區

(1)目前的居住地是在桃園區，往南的方向有三個聖筊，大約是八德區，這個方向是已經確定的。

(2)往西只有二個聖筊，代表不完全是往西的方向——如果往西是三個聖筊，西方這個位置也是找房子的範圍了，但偏偏往西媽祖只給你二個聖筊，這代表什麼意思？代表也許是在西南方，不然怎麼會剛好南方有三個聖筊、西方有二個聖筊呢？因此，我們可以想出幾個可能性：

(a)南方跟西方剛好有個中間點——西南方，大約在平鎮區。因此，等等若再次跟媽祖確認，結果真是西南方的話，就也要往平鎮區的南方找，盡量別往平鎮區的西方找，這樣才符合西南方的指示（西二個聖筊，南三個聖筊，就算是平鎮區內也不要往西，重心擺在偏南的方向）。

(b)桃園區往西算中壢區，所以也有可能在中壢區的南方，這個位置也符合西南方。

(c)八德區、平鎮區、中壢區的交界處附近也算偏西南，如果媽祖有確認，那也要去找找看。

(3)往西之所以出現兩個聖筊，還有一種可能性——平鎮區或中壢區裡面的某一個地方、區域、路段等等。為什麼呢？如果往西媽祖一開始就給你三個聖筊，那麼，你的思考就會完全被限制在西方而已，絕對不會往其他方向多做聯想。反推來思考，往西的這個方向，媽祖之所以只給二個聖筊，就是暗示我們在西方這個位置「要多發揮想像空間」，當中會有很多細節與方向，為求謹慎，我們要一個一個請示詢問。

(4)總之，往西只有二個聖筊，就必須解釋成「是西方但不完全是西方」，往這個思考角度去做邏輯推論，把答案問出來——但不管有幾種可能性，都要記得請示過媽祖才能確定。

「老師，往西的方向有二個聖筊，那麼，西北方有可能嗎？」陳先生問。

我回答他：「不會，因為剛剛我問北方時並沒有任何聖筊——如果北方有二個聖筊，那就有西北方這個可能性。不過，如果你想確定一下西北方位有沒有可能，是可以請示媽祖的——畢竟這是我們人在做推論，最後仍要請神明做確認，因此，要問一下也不是不行。總之，擲筊問神一定要會對二個聖筊的情況做全面性的邏輯推論，否則很容易就會遺漏掉神明要告訴你的事。」

做好得到二個聖筊的方向的實際地區推論後，一定要請神明確認

我再次針對二個聖筊的西方位置修改問法，一問之下，果然是在平鎮區，而且西北方確實沒有任何聖筊。以地理位置而言，平鎮區確實是處於桃園區的西南方位置，有吻合「是西方但不完全是西方」的筊數邏輯推論。既然媽祖已經指示出尋找店面的確切方向、範圍，我告訴陳先生：「現在方位已經出來了，接下來就要靠你們自己努力，在八德區和平鎮區找適合的店面，我認為會有好消息的。但是，切記不要急著買，如果有看到不錯且適合做生意的店面，先把地址抄下來，我再幫你請示媽祖哪一間最適合買。我知道你們目前經濟上的壓力很大，但心急就很容易做出錯誤的決定，買店面又不是一筆小錢，一定要慎之又慎、思考再三。」

系統思考技巧3 反推法

陳姓夫妻很努力地找店面，一個半月內就找到四間不錯且適合做生意的店面，三間在八德區，另一間在平鎮區，他們把地址抄下來，一家四口再次來到宗天宮，準備請示媽祖哪一間適合買。

既然是在四個店面當中選一間，那就先用「選擇題」的問法，擲筊請示媽祖A店面、B店面、C店面、D店面當中，哪一間適合陳先生買來做生意。我開頭跟媽祖說：「奉請宗天宮媽祖列位眾神，陳弟子已經順利找到四間店面，三間在八德區，一間在平鎮區，陳弟子夫妻親自去看過這四間店面，覺得很滿意，並且也初次跟賣家談過價錢，金額都還算合理，經他們評估，貸款是可以負擔得起的，適才這四間店面的地址也已經一一向媽祖稟報了，祈求媽祖大發慈悲，查明並指示這四間店面哪一間最適合陳弟子夫妻買來做生意。」

「請示媽祖，如果A店面適合陳弟子夫妻買來做生意的話，請給弟子三個聖筊。」結果是「二個聖筊」。〔問題1〕

「請示媽祖，如果B店面適合陳弟子夫妻買來做生意的話，請給弟子三個聖筊。」結果是「沒有聖筊」。〔問題2〕

「請示媽祖，如果C店面適合陳弟子夫妻買來做生意的話，請給弟子三個聖筊。」結果是「沒有聖筊」。〔問題3〕

「請示媽祖，如果D店面適合陳弟子夫妻買來做生意的話，請給弟子三個聖筊。」結果是「二個聖筊」。〔問題4〕

四間店面都請示完媽祖之後，結果呈現：二間店面（A店面跟D店面）各有二個聖筊，其餘二間（B店面及C店面）都沒有任何聖筊。所以，我們可以直接把B店面跟C店面排除掉，把專注力放在有二個聖筊的A店面和D店面。

現在，重點來了，A跟D店面都各有二個聖筊，用擲筊的方式問買房的事，又遇到這種二個聖筊的情況時，我們一定要知道：這代表什麼意思呢？接下來該怎麼問？我對陳先生說：「B店面跟C店面都沒有任何聖筊，所以就不用考慮這兩間——也就是說，不用思考要不要買這兩間，而把重點放在有二個聖筊的A店面跟D店面。擲筊問買房子的事，如果遇到這種二個聖筊的情況，腦袋一定要開始有『系統思考』的概念，才能幫助我們繼續問下去。」

成功買房，需要哪些元素（系統思考）或缺了哪些元素（反推法）？

前面我們已經介紹過系統思考 P052 了。系統思考就是：一件東西、一個組織、甚至是一件事，都是由好幾個獨立個體一起發揮作用，才能夠產生、發揮主要功能，當中的這些個體看似獨立，卻相互依賴、相互共存、相互保護、相互提供本身具有的獨特功能給對方使用，獨立個體沒有說誰比較重要、誰比較不重要，誰也不能離開誰。

相反的來看，如果一件東西、一個組織、一件事甚至是一個人出現問題，我們就可思考這件東西、這個組織、這件事甚至這個人主要是由哪些系統所組成，現在出問題，會是哪個系統先壞掉、喪失功能、缺乏才導致這件東西、組織、事情或人出現問題——這就是反推法。

簡單來說，系統思考主要是思考這一個東西需要哪幾種條件因素才能使這一個東西產生功用，而其輔助技巧之一的反推法主要是把每一種條件因素反過來思考。在問事的過程當中，其實我們很常系統思考法、反推法一起搭配使用。一般的思考程序是這樣的：先系統思考（把條件因素列舉出來，例如買房的時機點），再用反推法（把這些條件因素一一反過來思考，例如現在不是買房的時機點）。

不可思議的反推法

系統思考主要是思考這一個東西需要哪幾種條件因素才能使這一個東西產生功用，而反推法主要是把每一種條件因素反轉過來思考。在系統思考當中運用反推法，通常會產生不可思議的效果。

比方說，有位信徒要開餐廳，來宗天宮請示媽祖他開餐廳好不好，結果好是二個聖筊，不好沒有聖筊。二個聖筊表示答案接近八十%，當然你可以運用時機辨識法或其他技巧得到三個聖筊，這裡我只單純舉例如何運用反推法得到三個聖筊。

問事思考程序：先運用系統思考法然後再運用反推法

開餐廳好是二個聖筊，那就是表示開餐廳是好，但還有哪些不足？所以，要如何讓二個聖筊變成三個聖筊呢？此時，我們可以綜合天時、地利、人和方面來看，開一間餐廳需要時運、店面、地點、資金、人員、個性、心態……等。這就是系統思考，開一間餐廳需要這些因素條件一起產生作用才能產生功能。接下來就開始運用反推法：

▼步驟一：把系統思考的那些條件因素列舉出來。

▼步驟二：再把這些條件因素一一反轉思考。

我們手邊的條件因素是時運、店面、地點、資金、人員、設備、個性、心態……等。現在你可以這樣請示神明——

「是不是開餐廳好，但神明認為時機點還不是時候（時運反推）？」

「是不是開餐廳好，但神明認為地點不適合開餐廳（店面反推）？」

「是不是開餐廳好，但神明認為在資金方面恐怕無法負擔（資金反推，但其實開餐廳前自己就要先自我評估經濟能力能不能夠負擔）？」

「是不是開餐廳好，但神明認為員工及人事方面還沒具備好（員工及人事反推）？」

「是不是開餐廳好，但神明認為本身個性及心態還沒準備好（個性、心態反推）？」

這五個問題是簡單的反推法運用示範，當中也許會有三個聖筊出現，也或許會只有二個聖筊出現，而出現二個聖筊也沒關係，至少我們知道方向是哪一個條件因素，若是個性、心態方面出現二個聖筊，那就針對這方面再細問，來進一步讓三個聖筊出現。

有了這個基本概念，就可以來看陳先生有二個聖筊的A店面跟D店面該怎麼問下去。現在，請大家先思考這個系統思考問題：**要買成一間房子或店面，需要哪些系統一起發揮功效？**

到目前為止，陳先生的四間店面已有初步的結果，我於是跟他說：「陳先生，剛剛請示媽祖的結果是B店面和C店面沒有任何聖筊，這代表這二間店面不適合你買，所以不列入考慮。現在，我們就來思考有二個聖筊的A店面跟D店面該怎麼修改問法，然後繼續問下去。

接下來，我會先用簡單的問題一個一個慢慢請示媽祖，假設所問的問題沒有得到三個聖筊或二個聖筊，就把這些因素一個一個排除掉。簡單的問題都問完了，再問難度較高的問題。」

先把簡單的問題問掉：都適合買？是否有更適合的？有沒有欠點影響？

於是，我再次修改我的問法——

⑴「請示媽祖，A店面跟D店面都有二個聖筊，是不是媽祖要指示這二間都適合陳弟子夫妻買來做生意，如果是的話，請給弟子三個聖筊。」結果是「二個聖筊」。〔問題5〕

↓這個代表什麼意思？假使二間都適合陳弟子夫妻買有得到三個聖筊，表示這二間店面都可以選擇，但媽祖只給二個聖筊，那就要解釋成：這二間店面「適合買但又不是完全適合買」。

⑵所以，我修改了問法：「請示媽祖，還是A店面跟D店面是可以買沒錯，但媽祖查到還有比這二間店面更好的店面而陳弟子夫妻還沒有找到，所以叫陳弟子先不用急著買這二間店面，再花一點時間找看看，如果沒有找到再來考慮這二間店面。如果是這樣的話，請給弟子三個聖筊。」結果「沒有聖筊」。〔問題6〕

↓擲筊到這裡，都適合買出現二個聖筊，「先不急著買因為可以找到更好的店面」沒有聖筊，所以我們至少可以確定——沒有比這二間店面更好的店面了。

↓接下來，請注意並思考：媽祖指示沒有比這二間店面更好的店面，但又不是完全可以買，這到底在暗示我們什麼？二個聖筊的背後肯定隱含著很多神明的暗示，但神明無法說話來說清祂們的暗示，所以我們只好一個問題、一個問題地去請示媽祖，仔細的抽絲剝繭，只要是沒有任何聖筊或一個聖筊的因素，就立即排除掉，直到問到有出現三個聖筊或二個聖筊的那個問題，再來思考並做下一步問法的修正——這就是擲筊問神有趣的地方，雖然很辛苦，要一直跪在那邊擲筊，但真的是一種腦力激盪的訓練。

↓到目前為止，還沒有得到三個聖筊，但以目前得到的聖筊數情況來看，我開始覺得這二間店面愈來愈不單純：「神明肯定有查到什麼特別或重要的事。」接下來該繼續把一些簡單的因素問一問，可以排除掉的先除排掉，免得被太多資訊干擾而亂掉。

(3)我緊接著修改問法：「請示媽祖，A店面和D店面適合買有二個聖筊，是不是媽祖查到這二間店面有欠點，如果真的買了，就必須接著處理欠點，這樣店面的風水（基本上只和陽宅風水有關，較不會跟外方這類欠點有關——外方只跟人有關係，常見的欠點類別，後文將會進一步說明P183）才有助於做生意——如果買了卻沒有處理欠點，雖然有了自己的店面，但氣場卻無法對生意產生幫助。所以，媽祖才會在弟子問適不適合買的時候給二個聖筊。如果是這樣的話，請給弟子三個聖筊。」結果是「沒有聖筊」。〔問題7〕

↓到目前為止，還沒有得到三個聖筊，但已經可以再排除掉這二間店的陽宅風水這個因素。

↓此時，陳先生忽然問一個問題：「王老師，你剛問欠點，那會不會是我有欠點呢？」我回答他說：「不會的，如果你真的有欠點，媽祖應該早在我們請示尋找店面方位時就會指示了，不會等到你找到店面才指示你有欠點——第一時間應該就講了。況且，如果你真的有欠點，剛剛請示媽祖這二間店面有沒有欠點的時候，至少也應該會出現『二個聖筊』，暗示欠點可能不在房子本身，而是在你這邊。所以，我認為你應該沒有欠點，但如果想確認你有沒有欠點，當然也是可以問的。」

(4)於是，我修改問法：「請示媽祖，A店面跟D店面適合買沒錯，但媽祖查到陳弟子有欠點，如果欠點沒有處理，就算買了店面做生意，運勢也會受到影響，運勢受到影響，生意會跟著受影響，所以陳弟子的欠點必須要先找出來。如果是的話，請給弟子三個聖筊。」結果是「沒有聖筊」。

〔問題8〕陳先生看到沒有聖筊，大大地鬆了一口氣說：「好險！」

↓問到這裡，已經第八個問題了，雖然還沒有得到三個聖筊，但至少確定這二間店面沒有欠點，陳先生也沒有欠點，那又可以直接排除掉欠點因素。具體一點來說，欠點確實會影響到一個人的運勢，並且不會只有當事人本身的運勢、事業、身體等受影響，也擴及到其他層面——買房子也會。所以，能排除掉無形欠點這個因素，就某種程度來看，對當事人也是一個好消息。

早一點確認有沒有受到欠點影響的好處

從前面陳小姐來問姻緣時機的案例 P077 ，到現在陳先生夫妻買店面的案例，大家應該會發現到，在做系統思考擲筊問事時，有沒有受到欠點影響這個問題，都滿早就被拿出來問，其實這是有原因的。所謂的「欠點」，就是「阻礙某件事情，導致無法達成心中期望的一個阻因」，而且常常指無形的因素，常見的有外陰（外方、孤魂、迷花……）、祖先、住宅、神位和風水……等等。

注意：任何一件事情無法達成心中的期望，都有可能是欠點造成的。欠點是我們在問事的過程當中，很重要的問題選項之一，因為它的影響層面很廣，從個人運勢、家運、婚姻、健康、財富、學業……，到像陳姓夫妻買房等等，都可能受到牽連。若真的有欠點問題，就一定要處理好，否則就算其他的因素修正好了，還是不太可能全部改善。

這也是我擲筊問不出三個聖筊時通常很快就會問是否有欠點的原因：如果有，就問出來並解決掉，這樣後續的處理才會順暢；如果沒有，那對當事人來說，等於消除掉一個擔憂——畢竟一提到欠點，大家都心慌。其實，問到有欠點也不用太擔心。既然神明幫你找到了問題，自然就有解決之道，只要一步一步好好處理掉就好了。

再思考難度較高的因素——從天時、地利、人和與經濟等條件切入

既然一連問了八次，都沒有任何結果出現，此時就要往難度比較高的系統思考去想了。於是，我在內心開始整理方向：想要買成一間房子，並且能夠安居樂業而無後顧之憂，重要的就是天時、地利、人和三方面的條件要同時具備，以及價格的問題等等。

(1)**天時：買賣時機點、陳先生的運勢……**

(2)地利：A店面跟D店面適合買這個問題雖然只有二個聖筊，但目前至少已確定沒有比這二間更好的店面了，其他可以再問問生活機能、店面地點是否偏僻……

(3)人和：消費人潮、鄰居要好相處、仲介方面……

(4)經濟：陳先生接下來的經濟狀況要能負擔房貸、賣家出的價錢陳先生要能接受、仲介費合理……

從系統思考的概念來看，成功買房並能安居樂業這件事，需要上述這些系統條件一起發揮作用，才能夠產生效果。我當下簡單列了幾個關鍵條件，接下來，就是要一一檢視哪些條件是造成無法得到三個聖筊的主要因素。

我跟陳先生說：「以上幾點是要買成店面的一些必備條件，我只是先大約簡單羅列幾個。現在優先要做的事，就是把剛剛問過的問題再整理一下，以免太雜，干擾到我們的思考能力，接著再檢視那些條件中，有什麼是造成沒有三個聖筊的主要因素。」

得到兩個聖筊	沒有聖筊
A店面	有比A、D店面更好的店面
D店面	房子風水和陳先生本身的欠點
A店面和D店面都適合買	

根據到此階段的擲筊結果，我們可以這樣解釋：

(1)雖然適合買A店面跟D店還沒有三個聖筊，但起碼已經確定沒有比這二間更好的店面。

→這種情況可以解釋為：確定沒有比這二間更好的店面，接下來要問：「可以選這二間，但還要注意什麼？」（系統思考）「可以選這二間，但還有什麼條件沒具備？」（反推法）問事人員要用哪一種都行，一般都會交叉運用。

(2)確定房子本身的風水跟陳先生本身都沒有欠點，那就不必擔心欠點問題了。

▼問牽涉到買賣的事情時，價格也是常見的問題選項

我對陳先生說：「這就是剛剛擲筊結果的解釋，現在我們要用系統思考檢視這二間店面無法得到三個聖筊的原因。請問陳先生，假設你買了A、D其中一間店面，房貸方面是否有計畫好了？」

「這方面我已經計畫好了，只要有生意可以做，再加上之前累積的一些積蓄（雖然不多），但只要持續有收入，要付房貸是沒有問題的。」陳先生回答我。

「那這二間店面房價有差嗎？」我問。

陳先生回答說：「這二間店面的坪數雖然差不多，但是開的價錢有一些差別，總價差不多差了一百五十萬。不過，我和太太已經想過了，假始真的適合買，差一百五十萬應該也會買。」

「適合的話，貴一百五十萬你們也會買？那是A店面還是D店面？」

「D店面，在平鎮那邊。」陳先先回答說。

「既然房貸及房價都能接受，又已經確定沒有比這二間店面更好的選擇，那就表示地點方面應該都還不錯，但為求謹慎，還是需要問清楚。你當初去看這二間店面的時候，覺得地點如何？」

陳先生說：「地點我覺得很好，人潮也挺多的。」

我跟陳先生說，「你剛剛說D店面如果適合，就算貴一百五十萬也會買，我猜你們一定比較喜歡這間對不對，不然你們就會選比較便宜的A店面了。」

「對，王老師。我跟你說，媽祖剛剛指示四間店面只有A店面跟D店面適合買的時候，我跟太太都覺得太準了，真令人佩服得五體投地。我跟我太太最喜歡這二間店面，尤其是D店面，它的位置非常好，鄰近學區、商業區和夜市，所以剛剛問到A店面跟D店面有二個聖筊時，我太太就一直點頭，挺開心的，只可惜D店面沒有三個聖筊。」

我笑笑的回他說：「雖然沒有親自去看過這二間店面，但從擲筊的聖筊數及不同問題的翻動變化來看，我也推論與預測這二間店面比較好。首先，這四間店面一定是你們夫妻親自去看過也覺得不錯，所以才會拿來問媽祖，我想你們看過的店面應該不只這四間。第二，這四間店面當中，只有A店面跟D店面有二個聖筊，雖然沒有三個聖筊，但至少已經知道沒有比這二間更好的店面了。這麼一來，不就可以推論這二間店面是四間裡面最好的了？」

陳先生笑笑說：「對，沒錯，希望是這二間的其中一間，如果是D店面的話更好。」

我繼續說：「既然預算你已經有計畫，地利方面也親自看過且認為不錯，那就暫時不問這二項條件，雖然媽祖仍可能會針對房價再做指示，但現在我們還是先來檢視天時跟人和的條件。」

▼用反推法＋時機辨識法確認天時

接著，我要先用時機辨識法來確定天時。於是，我再次修改問法。

「請示媽祖，A店面跟D店面都有二個聖筊，是不是媽祖要指示這二間都適合陳弟子夫妻買來做生意沒錯，但買賣的時機點在今年下半年會比較好，如果是的話，請給弟子三個聖筊。」結果是「二個聖筊」。〔問題9〕

「請示媽祖，A店面跟D店面都有二個聖筊，是不是媽祖要指示這二間都適合陳弟子夫妻買來做生意沒錯，但買賣的時機點在明年上半年會比較好，如果是的話，請給弟子三個聖筊。」結果還是「二個聖筊」。〔問題10〕

注意，在同時運用系統思考（時間點是條件）、反推法（現在不適合買）再加上時機辨識法（現在不適合，所以要問出適合的時機點）修改問法之後，在二個半年的時間點範圍內已經各出現二個聖筊，這裡有個重點：**陳先生買店面的事並不像問姻緣時機那樣可以延伸到二年，他們一家有生活經濟上的壓力，延伸到二年，就現實上來看比較不合理——如果沒有經濟壓力、有時間可以慢慢找房子，那就可以延伸到二年的時間**。好，現在情況愈來愈有挑戰性了，目前的聖筊數情況：今年下半年有二個聖筊，明年上半年有二個聖筊，這當中的玄機，我們可以用時機辨識法來想：

(1)是不是這個時機點有在某個月分的可能性呢？

(2)是不是這個時機點有跨年度的可能性呢？不然，為什麼今年下半年跟明年上半年都有二個聖筊？

既然已經思考到時機點有在某個月分的可能，或是有跨年度的可能，那就問唄——不能說只想而不去請示神明。於是，我用時機辨識法去修改問法——

「請示媽祖，A店面跟D店面都有二個聖筊，是不是媽祖要指示這二間都適合陳弟子夫妻買來做生意沒錯，但買賣的時機點在今年農曆的七月至九月期間來談會比較好，如果是的話，請給弟子三個聖筊。」結果是「沒有聖筊」。〔問題11〕

「請示媽祖，A店面跟D店面都有二個聖筊，是不是媽祖要指示這二間都適合陳弟子夫妻買來做生意沒錯，但買賣的時機點在今年農曆十月至十二月期間來談會比較好，如果是的話，請給弟子三個聖筊。」結果是「沒有聖筊」。〔問題12〕

「請示媽祖，A店面跟D店面都有二個聖筊，是不是媽祖要指示這二間都適合陳弟子夫妻買來做生意沒錯，但買賣的時機點在今年的農曆十二月至明年農曆二月期間來談會比較好，如果是的話，請給弟子三個聖筊。」結果是「沒有聖筊」。〔問題13〕

「請示媽祖，A店面跟D店面都有二個聖筊，是不是媽祖要指示這二間都適合陳弟子夫妻買來做生意沒錯，但買賣的時機點在明年農曆三月至六月期間來談會比較好，如果是的話，請給弟子三個聖筊。」結果是「一個聖筊」。〔問題14〕

加上時間辨識法經過四次修改問法，還是都沒有結果，那就可以直接排除掉在某個月分及跨年度這二個因素。為何這麼說？因為這四次問法的結果都是「沒有聖筊」或「一個聖筊」。

(1)當我問是不是在「今年農曆七月至九月」時，沒有得到任何聖筊，那就表示七月至九月通通不是答案，所以在找下一個時間點範圍的時候，就不用去思考七月至九月。所以，我選擇以「農曆十月至十二月」當下一個時間點範圍。

⑵第二個時間點範圍「農曆十月至十二月」沒有得到聖筊，所以正常來說，十月到十二月就不列入考慮了，但是請大家注意，我們前面提過有「跨年度」的可能性——十月至十二月沒有時間點，但必須考慮到可能跨年度，那麼，接下來的問題修改最有可能的問法應該是——「今年的農曆十二月至明年上半年的某一個月」，因為我前面都是以三個月為一個單位，所以在這裡就以「今年農曆十二月至明年農曆二月」當第三個時間點範圍。

⑶第三個時間點範圍「今年農曆十二月至明年農曆二月」的結果是沒有聖筊，所以問到這裡，基本上已經可以確定從今年的農曆七月一直到明年的農曆二月都不用考慮。那麼最後，就只剩「明年的農曆三月至六月」這個時間點範圍了。

⑷第四個時間點範圍「明年的農曆三月至六月」只得到一個聖筊，代表這也不是答案，所以這段期間沒有任何一個月是答案。

就是因為這樣，我們才能夠排除掉：時間點是在今年下半年和明年下半年當中的某個月分，或是時間點跨年度這兩個問題。注意，如果同樣的條件而我們用時機辨識法去問時，有出現二個聖筊（例如七月至九月有二個聖筊），那就要繼續用時機辨識法針對出現二個聖筊的時間點範圍去問出更具體的月分細節。舉例來說：七月至九月有二個聖筊，那就可以推論不是七月，就是八月，不然就是九月，再不然就是八月跟九月二個月、七月和八月兩個月、七月和九月……等等。然而，我們得到是「沒有聖筊」，這代表不是答案，那麼「不是七月，就是八月，再不然就是八月跟九月二個月、七月和八月兩個月、七月和九月兩個月……等等」的可能性就要全部排除。

階段性問事過程總整理能幫助邏輯推論的順暢度

問到這裡，最好再進行一次「階段性問事過程的總整理」。問神時，每每問到一個階段，問事人員一定要整理一下思緒，把剛剛有二個聖筊的問題和被排除掉的問題做個階段性整理——這個步驟有助於我們理出其他新想法，進而得以繼續做問法上的修改。其實，大家不用想得太複雜，也不必太緊張，只要針對有二個聖筊的那些問題做進一步的邏輯推論，並且進行問法上的修改就可以。

得到二個聖筊的問題	已經排除掉的因素
A店面跟D店面都適合買	房子風水和陳先生本身的欠點
買賣的時機點在今年下半年比較好	還有比這二間店更好的選擇
買賣的時機點在明年的上半年比較好	買賣的時機點在某個月分
	買賣的時機點會跨年度

既然已經確定A店面跟D店面都適合買，買賣的時機點在今年下半年跟明年上半年都有二個聖筊——天時、地利都檢視過了，剩下人和方面的問題繼續檢視。所以，我繼續修改問法——

「請示媽祖，A店面跟D店面都有二個聖筊，是不是媽祖要指示這二間都適合陳弟子夫妻買來做生意，買賣時機點在今年下半年跟明年上半年都能談，但媽祖查到鄰居方面的問題要特別注意，以免發生類似之前被抗議的情形。是的話，請給弟子三個聖筊。」結果「沒有聖筊」。〔問題15〕

「請示媽祖，A店面跟D店面都有二個聖筊，是不是媽祖要指示這二間都適合陳弟子夫妻買來做生意，買賣時機點在今年下半年跟明年上半年都能談，但媽祖查到房仲方面的問題要特別注意，以免發生一些爭議。是的話，請給弟子三個聖筊。」結果還是「沒有聖筊」。〔問題16〕

問到這裡，已經問了十六個問題，雖然沒有出現三個聖筊或二個聖筊，但至少又排除掉鄰居跟房仲的問題，這表示人和方面沒什麼大問題，人潮方面，因為陳姓夫妻去看店面時就觀察過了——人潮挺多的，既然如此，就無需再問。雖然還沒有出現三個聖筊或二個聖筊，但這沒有聖筊背後，不也透露陳先生在這二間店面做生意不會再被鄰居抗議的好消息？接著，再繼續整理一下思緒。

得到二個聖筊的問題	已經排除掉的因素
A店面跟D店面都適合買	房子風水和陳先生本身的欠點
買賣的時機點在今年下半年比較好	還有比這二間店更好的選擇
買賣的時機點在明年的上半年比較好	買賣的時機點在某個月分
	買賣的時機點會跨年度
	鄰居的抗議
	房仲的因素

整理完後，我對陳先生說：「問到現在，幾乎會影響你買房成功的系統條件因素，我差不多都排除掉了，所以現在可以確定玄機就出現在二個聖筊的那三個問題當中。神明不會開口講話，而是用聖筊數來回答問題，祂所想表達的意思就出現在二個聖筊跟三個聖筊中，我們要自己去抽絲剝繭、體會、解讀，而這需要有系統、邏輯方法。其實，愈到最後會愈來愈好問。為什麼呢？因為應該排除掉的條件因素都排除掉了，玄機就只會在出現二個聖筊的那三個問題裡面而已。」

此時，陳先生問我說：「那麼，玄機是不是出在時機點上呢？」

「沒錯，就是時機點。你想啊，沒有比這二間更適合買的店面這點確定了，而出現的二個時間點範圍也不是在說某個月分，更不是在說跨年度。既然不是在說某個月分，也不是在說跨年度，那為什麼媽祖會指示二個時間點範圍？若能買，那乾脆就一個時間點範圍去談買賣就好了，為什麼還指示二個時間點範圍？所以現在就只有一種可能：談這二間店面的買賣需要有不同的時間。」

陳先生馬上說：「對耶，有道理，有道理。」

於是，我加上這個想法再次修改問法。

「請示媽祖，A店面跟D店面都有二個聖筊，是不是媽祖指示這二間都適合陳弟子夫妻買來做生意沒錯，但A店面買賣的時機點在今年下半年，D店面的買賣時機點是在明年上半年。如果是的話，請給弟子三個聖筊。」結果是「二個聖筊」。〔問題17〕

接著，另一個順序也要問一次：「請示媽祖，A店面跟D店面都有二個聖筊，是不是媽祖指示這二間都適合陳弟子夫妻買來做生意沒錯，但A店面買賣的時機點在明年上半年，D店面的買賣時機是在今年下半年。如果是的話，請給弟子三個聖筊。」結果是「沒有聖筊」。〔問題18〕

這個問法連續問了二次後，第十八個問題就能直接排除掉，只留下出現二個聖筊的第十七個問題，更代表答案快出來了，為什麼呢？因為可以解釋成：A店面跟D店面可以買得到二個聖筊，表示對了八十%，而「A店面買賣時機點在今年下半年、D店面買賣時機在明年上半年」又得到二個聖筊，這樣不就是在原本沒問出的二十%中問出了八十%？

這種情況要怎麼進一步的解釋呢？就是「二間店面談買賣有不同的時機點，談A店面買賣的時機點在今年下半年，談D店面買賣的時機點是在明年上半年」。

雙系統籤詩＋時機辨識法做系統思考，問出買店問題的三個聖筊

雖然還沒有出現三個聖筊，但以我的經驗來看，答案已經快要出來了。這次我用「籤詩配對搭配時機辨識法」來系統思考，以便進一步修改問法：

「請示媽祖，A店面跟D店面都有二個聖筊，是不是媽祖指示這二間都適合陳弟子夫妻買來做生意，A店面買賣的時機點在今年下半年，D店面的買賣時機在明年上半年，但媽祖還要同時出這二間店面的籤詩來補充說明。如果是，請給弟子三個聖筊。」結果是「三個聖筊」。（問題19）

看到三個聖筊出現時，陳先生興奮地說：「耶……踢公伯啊！三個聖筊終於出——現——了！原來神的意思就是這樣喔！果然二間店面各有不同的買賣時機點。服了，服了，我真的服了！王老師，你擲筊好厲害喔！」

嗯？怎麼聽起來怪怪的？我提醒陳先生：「這是媽祖在指示聖筊，不是踢公伯在指示耶。」

「啊對，我一時太興奮了，歹勢，歹勢。」陳先生不好意思地回答。

每當出現三個聖筊的時候，我都會跟信徒簡單解釋問事到目前這個階段的結果，好讓信徒知道現在是什麼情況。

「現在我跟你解釋一下到目前為止的問事結果，這樣你才能夠清楚我剛剛在問什麼。

現在已經確定A店面跟D店面這二間都適合買，也沒有比這二間更適合你做臭豆腐生意的其他店面——以更客觀一點的角度來說，是一定還有比這二間更『好』的店面，但這個『好』必須要包含很多系統一起配合才對你有幫助，像是預算、人潮、房仲、左鄰右舍方面等等條件，都要能夠配合得起來，才能產生最大功效，並且使這個功效一直持續運轉下去，否則又會像之前一樣被鄰居抗議、做沒多久就被迫搬家。媽祖在幫你查明及指示店面時，就一定有把這些系統條件全部涵蓋在內查明了，這樣你才能夠比較安心，這就是我時常在講的『問事的系統思考』。

不過，有二點要留意：(1)談A店面買賣的最佳時機是在今年下半年，也就是農曆的七月至十二月期間，而談D店面買賣的最佳時機是在明年上半年，也就是農曆一月至六月期間。(2)雖然已經問出三個聖筊，但媽祖有指示要出籤詩，表示這二間店面還有一些事要透過籤詩來交待與補充說明，所以，還是要等A店面跟D店面的籤詩分別都抽出來後才能做全盤性的總判斷。」

透過解籤瞭解神意，找出擲筊無法說清的背後玄機

二間店面的籤詩完全抽出來後，我仔細的看了，發覺媽祖好像有在暗示一些事情，至於暗示什麼事，就要等籤詩解完才知道，並決定下一步如何做，最後再請示媽祖確認，這才是正確流程。

A店面籤詩

配對：時機點

在今年下半年

六十甲子籤詩

甲午籤　李太白歸仙

風恬浪靜可行船，恰是中秋月一輪，
凡事不須多憂慮，福祿自有慶家門。

雷雨師百首籤

甲甲籤　漢高祖入關

巍巍獨步向雲間，玉殿千官第一班，
富貴榮華天付汝，福如東海壽如山。

癸庚籤　買臣五十富貴

五十功名心已灰，哪知富貴逼人來，
更行好事存方寸，壽比岡陵位鼎臺。

D店面的籤詩

配對：時機點

在明年上半年

六十甲子籤詩

丙辰籤　梁皓公中狀元、武吉挑柴打死人

八十原來是太公，看看晚景遇文王，
目下緊事休相問，勸君且守待運通。

甲寅籤　趙子龍救阿斗、薛交薛癸旁州遇彩樓得繡球

于今此景正當時，看看欲吐百花魁，
若能遇得春色到，一洒清吉脫塵埃。

雷雨師百首籤

甲己籤　相如完璧歸趙

何勞鼓瑟更吹笙，寸步如登萬里程，
彼此懷疑不相信，休將私意憶濃情。

甲庚籤　洞賓煉丹

仙風道骨本天生，又遇仙宗為主盟，
指日丹成謝巖谷，一朝引領向天行。

A店面的解籤結果

看完籤詩後，我就開始跟陳先生做詳細的解籤，首先是A店面的籤詩──「首先，A店面的六十甲子籤詩講的是時間點，重點在『恰是中秋月一輪』這一句，也就是農曆八月十五中秋。陳先生，剛剛媽祖指示談A店面的買賣時機點是在今年下半年，而這支甲午籤講的時機點又更具體──在下半年的中秋附近──剛剛問的結果跟籤詩是有吻合的，所以，我們再一次確定，A店面談買賣的時機是在下半年的中秋這個時間點之後到今年年底。六十甲子籤詩是大方向，至於細節，就要看接下來二支百首籤。

甲甲籤的歷史典故是『漢高祖入關』，這個『關』指的就是A店面，你可以買到這間店面，並且如你所願的順利入主這間店面，這是一支最終將有不錯結果的籤詩。

癸庚籤的歷史典故是『買臣五十富貴』，朱買臣的功名與事業過去一直不是很順利，過程中失去了一些東西，一直到了五十歲受到漢武帝的賞識才發達。也就是說，媽祖是在講你過去雖然經歷了一些不如意，但沒有關係，這段不好走的路即將苦盡甘來，希望你對自己的人生不要灰心，而要抱著信心，這是一支『波折將過，時機已到』的籤詩。

現在把這三支籤詩整合起來解讀，你可以在今年下半年中秋後去談A店面的買賣，會順利買到這間店面並順利的在這間店面做生意，過去那一段讓你走得很辛苦的波折路，也即將在你買到這間店面之後結束，不要灰心，要對自己有信心，接下來你的事業將會比過去更順利。」

聽完A店面的籤詩之後，陳先生臉上露出開心的笑容，並且對我說：「真的謝謝宗天宮媽祖的幫忙，我的事業如果真的發展起來，一定不會忘記宗天宮媽祖這個恩情的。」

我回答他說：「陳先生你別客氣，事業先順利起來才是目前最重要的事，其餘都不重要。」

D店面的解籤結果

說完，我頓了一頓，不覺皺起眉頭對陳先生說：「不過，D店面的籤詩好像藏有一些玄機，我看等一下可能需要再請示媽祖。」

陳先生問：「王老師，籤詩裡面有什麼玄機嗎？」

我回答他說：「首先看六十甲子籤詩，第一支丙辰籤講的是目前還需要等待時機，姜太公一直到八十歲才遇到周文王，而且你看籤詩中的『目下緊事休相問，勸君且守待運通』這二句，這是在講買D店面這件事不能急，目前要保守些，等待時機點的到來。

時機點在什麼時候呢？就是第二支籤的甲寅籤裡面講到的明年春天。說實話，明年春天跟剛剛媽祖指示買D店面時機是在明年上半年是吻合的，我疑惑的地方是在——既然媽祖已經指示時機點就在明年春天了，為什麼還要特別交代先不要急著買D店面？你不覺得這個交待暗藏玄機嗎？至於想要瞭解是什麼玄機，一樣得從二支百首籤去看。

甲己籤的歷史典故是『相如完璧歸趙』，秦昭襄王為了要得到趙惠文王的和氏璧，故意用十五座城池的條件交換，但藺相如看出秦昭襄王根本不會履行這個承諾，所以他寧願跟和氏璧一起撞碎在柱子上，也不想把和氏璧交給秦昭襄王，最後和氏璧完整無缺地回到趙國。這個典故講雙方對於交易還沒有一個「具有誠信的共識」，套用在陳先生你的情況，是不是就在講D店面的買方跟賣方現在還沒有『共識』，而這個『共識』又跟『誠信』有相關？這就是我覺得有玄機的地方。

接下來再看第二支百首籤，看能否再找出更具體的端倪。甲庚籤的歷史典故是『洞賓煉丹』，孚佑星君呂洞賓的老師——八仙之一的鍾離權——要收呂洞賓為徒弟時，對他進行十次的考驗，呂洞賓通過了十次考驗才變成鍾離權的徒弟。此外，煉丹也有另一層意義——提煉丹藥都是文火、細火慢慢提煉，意思就是：不能急，要慢慢來才會成功。把這個典故應用在買D店面的事情上，就是說要慢慢來、談好幾次才會成功。只是，為什麼要談好幾次才會成呢？又是什麼原因導致雙方沒有共識而要談好幾次？」

分別解完二間店的籤詩後，可以看出A店面的情況比D店面簡單及單純多了，不過陳姓夫妻對D店面很有興趣，既然它的情況比較複雜，如果要買，當中的重點絕對要清楚，所以我把整合六十甲子籤詩和百首籤而得到的七個值得思考的問題一一分析了——

(1)談D店面買賣的時候先不要急，真正談成的時機點是在明年春天。

(2)甲己籤指出，雙方對於這件交易還沒有一個「具有誠信的共識」。

(3)甲庚籤指出，這件交易得要談好幾次，不能夠急，要慢慢談才會成功。

(4)將以上三個因素整合起來就是指：雙方對這件交易還沒有一個具有誠信的「共識」，不能急，要慢慢談個幾次才會成功，而談買賣的時機點就在明年春天。

(5)「具有誠信的共識」指的是什麼？

(6)「誠信的共識」是讓這件買賣可以成功的關鍵因素，這也就是適才我說媽祖好像透過籤詩在暗示一些事情的原因，想要知道這個玄機是什麼，就只能請示媽祖了。

(7)最耐人尋味的是，D店面看起來沒有A店面那麼容易買，需要經歷一波三折，既然這麼不好談、不好買，為何媽祖還要指示D店面適合買，而不乾脆指示陳先生買A店面就好？

籤詩暗示有問題的部分，要進一步把它問出來

分析到這裡，我對陳先生進一步說：「這七個問題是我現在思考到的，最令我不解的是，D店面沒有A店面那麼容易買，需要經歷一波三折才能成功，為什麼媽祖還要指示D店面適合買讓我們傷腦筋，而不乾脆指示你買A店面就好了？為了讓你的生意以後能夠順利，我們問事得要謹慎，所以必須請示媽祖，問出玄機究竟是什麼。

在請示媽祖之前，我要先請教你幾個問題。你剛剛有提到二個重點：(1)你們比較喜歡D店面，因為它的地理位置非常好，鄰近有學區、商業區和夜市。(2)D店面比A店面貴一百五十萬。我推測，媽祖既然指示這間店面適合你買來做生意，一定有它的好處，只是如果你想要順利買到這間你最滿意的店面，籤詩裡面的玄機要問出來，只要問出來，就有機會買到D店面。

不管是買房子或店面，仲介跟預算都是很大的關鍵條件因素，所以，我們先從這二個關鍵條件因素來問，看看這二個是否就是媽祖所暗示的玄機。」

於是，我請示媽祖：「請示媽祖，D店面的籤詩裡，弟子有發覺到一個玄機。籤詩指出這件交易還無法有一個具有誠信的共識，所以不能急，要慢慢談個幾次才會成功，而談買賣的時機點就在明年春天。所以，弟子想請示媽祖指點迷津，這個誠信的共識是不是指房價開得太高了，如果媽祖暗示的玄機就是在說房價有點高的話，請給弟子三個聖筊。」結果是「三個聖筊」。〔問題20〕

看到出現三個聖筊時，陳先生驚訝到說不出話來，過了幾秒後才對我說：「王老師，連這個問題你也問得出來喔！我真的是第一次看到耶，這……」

我笑了一下，跟他解釋說：「這是我之前幫很多信徒問買房子的經驗，當媽祖指示出某一間房子可以買後還有其他要指示或籤詩暗示有其他玄機的話，房價通常就是玄機之一。」

陳先生馬上接著問：「王老師，除了房價，還有其他的可能因素嗎？」

我笑著回答：「當然還有，比如左鄰右舍。有一位信徒來請示買房子，請示完後，媽祖還特別交待他將來入住以後要多跟左鄰右舍建立良好關係。跟左鄰右舍建立良好關係是大家都知道的基本道理，為什麼媽祖要特別指示這個常理呢？這不是很奇怪嗎？後來，這位信徒真的買了這間房子並住了進去，才發現有一位很愛對新住戶挑毛病的鄰居，不過，幾個月後，這位鄰居就不再對這位信徒挑毛病了。原來媽祖做這個指示，用意就是提醒信徒不要因為這個小事搞壞跟鄰居的關係——話說回來，如果媽祖查到這位信徒這間房子附近真的有很難相處的惡鄰居，自然就不會指示他可以買了，不是嗎？除了這個玄機，當然包括入厝日的選擇、入厝日如何辦理、財位、文昌位的選擇等等，有機會再跟你說。現在，最重要的是把D店面的事先問出來。」

「剛剛不是已經問出來是房價有點高了嗎？」陳先生問。

我進一步說明道：「的確已經問出房價有點高了。但是，一個有經驗的問事人員，如果問出了這個問題點，那就應該繼續再往下問另一個問題才算完整，那就是：**如果房價有點高，那麼，房價高到哪個價位才合理，哪個價位我才能買**？由於買家跟賣家各自有不同立場，一個求神明希望可以買低一點，一個求神明希望可以賣高一點，那神明要怎麼指示呢？神明會依照買賣雙方經濟負擔的條件、現在所處的狀況和個人的福報等去指示答案。我問事到現在也有二十幾年了，根據經驗，如果一個人的福報不夠，就算有一大筆錢進來，有時候還是會守不住，不是這邊出了點事賠出去，就是那邊出了點問題需要倒貼……。所以，現在應該要請示的問題就是——D店面要到哪個價位才適合你買。」

於是，我幫陳先生再次請示媽祖，D店面的價位到底在哪個價位才適合買。很神奇的是，媽祖指示的價位竟然跟A店面的價位相差不了多少——二間店面價格的差距範圍僅在十萬元以內！

陳先生問我說：「還可以更低一點嗎？」

我回答他：「價格問題還是要符合市場行情，不能問一個很誇張、很荒謬的價錢出來。你看，請示媽祖完之後，是不是覺得這二間店面的價位沒有多大的差距了？所以，我想應該以A店面的價位當參考值才是正確的。」

陳先生繼續問我：「那麼，這個價錢這次可以談成嗎？」

我回答說：「當然談不成，因為籤詩已經講了——你要像呂洞賓煉丹一樣，不要急，必須慢慢地談個幾次才會成功。同時，你要明白，媽祖指示你可以買的價位也是祂再三查明之後才做出的指示，不然，你想一想，多付這一百五十萬元是要賺多久才能夠賺得回來？現在我還要提醒你另一個重點，那就是你心裡面不能有『非D店面不買』這種預設立場，否則會讓自己陷入無法談的困局。你現在的心態應該要這樣才對：媽祖指示D店面的這個價位，如果對方願意賣你就買，不願意賣就改買A店面——你又不是沒有其他選擇，不是嗎？談事情與談判的時候，最忌諱把自己逼到沒有退路可以走。」

從這個案例我學到什麼：反推法的運用

整個問事終於到了最後階段，我跟陳先生說：「你過去為了做生意一直被迫搬家，所以來宗天宮請示媽祖問買店面的事，現在總算得到了一個明確的答案與目標，為了讓你更加清楚整個問事的過程與結果，請再給我一些時間為你解釋一下，這樣你才能夠完全清楚當中的邏輯。」

「好的，我也可以順便記一下，謝謝王老師。」

我於是開始整理這次問事的整個脈落：「最初，你來宗天宮是要問買店面，但卻沒有任何的店面可以問，因為顧慮到你大老遠跑這一趟，我只好請媽祖先指示跟你有緣的店面在什麼方位，媽祖很慈悲，指示出你可以從兩個位置範圍去找。若不是剛好是這種情況，我還是建議先不限制尋找店面的範圍，任何方向都應該找找看，實際去看房子並自我評估，再把喜歡的房子的地址抄起來，請示媽祖哪一間可以買。此外，買房子是一件大事，最好讓神明有多一點時間去查明，所以，一般來講，『今天先上香稟報神明地址，隔天再請示神明』這樣最保險。」

媽祖真的有保佑你，你在祂指示的範圍內找到四間店面，請示的結果有二間只有二個聖筊，另外二間沒有聖筊。此時，就可以排除掉沒有聖筊的店面，專注力放在有二個聖筊的店面。

很多人問事問到二個聖筊後不知道該怎麼繼續問，其實，只要有方法跟概念，要得到三個聖筊並不是一件很困難的事。

▼只要遇到二個聖筊的情況，首先要把有關聯的因素一個一個找出來請示媽祖，沒有得到聖筊的那

些因素要一個一個排除掉，排除到最後，答案其實就快要出來了。舉例來說，A店面跟D店面都有二個聖筊，我於是問媽祖是不是這二間都適合你買，這個問題有二個聖筊。再問是不是有風水欠點影響，結果沒有聖筊，既然沒有聖筊，那就可以把二間店面有欠點的因素都排除掉。接著問到買賣時機點的時候，才又出現二個聖筊——這裡請注意，我們在問買店面而問到買賣時機點，其實就已經同時在運用時機辨識法和反推法了，時間點是條件因素（系統思考），但就是因為現在不是買店面的時機點（反推法），所以才需要用時機辨識法來問時機點。

▼問事人員最好隨身備有紙筆記錄問過的問題，尤其是遇到二個聖筊的問題，一定要特別記錄。這是避免問過就忘，如果忘記了，你就沒有線索可以追蹤了。

你有沒有發現，到目前為止，有二個聖筊的有『A店面、D店面、今年下半年和明年上半年的二個時機點』對吧！」

「對。」陳先生回答。

「那既然這些都有二個聖筊，那麼，接下來就可以把這些二個聖筊的問題，通通加在一起問，重點是——**加起來後就會多出『好幾個組合』**可以繼續問，問到最後才會問出『A店面的時機點是今年下半年，D店面的時機點是明年上半年，再加上籤詩補充說明』。這個觀念很重要，一定要記起來，最後我可以問出來這個結果，就是從剛剛那些有二個聖筊的答案衍生出來的——所以，我才會特別提醒：**只要有出現二個聖筊的答案，問事人員一定要趕緊記錄下來——因為那是可以得到三個聖筊的重要線索。**

接下來，就是從媽祖出的二間店面的籤詩看到D店面的一些玄機。話說回來，要成為一位頂尖的問神達人一定要具備多方面的能力：如果沒有擲筊的方法跟邏輯概念，二個聖筊之後就問不出來要買哪一間店面；如果沒有解籤的能力，就算抽了籤詩也看不出當中的玄機——要能夠幫信徒問出非常完整且準確的答案，這些能力都是要具備的。不過，沒有關係，推廣教育、開班授課是宗天宮建廟的宗旨，只要有心想學，宗天宮會一一傳授給大家，讓大家可以自度而後度人。

接著來看籤詩，籤詩告訴我們的是：A店面在今年中秋後到年底可以買，而且過程比較順利；D店面可以在明年春天買，但有困難度，難在哪裡呢？房價太高。這裡有個思考邏輯要注意：

▼既然媽祖查到房價太高，就要想到房子還有議價的空間，有機會可以用低一點的價錢買到。

▼反過來思考，倘若媽祖查到D店面沒有議價的空間，無法用低一點的價位買到，那媽祖就不會指示D店面房價太高，可能根本不會指示D店面可以買。

就是因為這樣，媽祖才會交待你，如果你真的比較喜歡D店面，要再去議價，而且不會一次就成功，要學『呂洞賓煉丹』，試好幾次才會成功，而可以成功的時機點就在明年春天，不過，你要堅持住媽祖指示價位的原則，可以談成當然很好，要是無法談成，至少還有條退路可以走——A店面也可以買。

更具體一點來說，為了避免兩頭空，**你可以給自己設定一個時間點**，如果到今年年底D店面你覺得無法談成了，那就跟對方說D店面你不買了，而改買A店面。為什麼這樣呢？因為A店面可以談成的時間點範圍是到今年年底的。相對的，如果D店面的價位有談成功，你可以付訂金，馬上跟對方討論簽約的事（即D店面的價位可能在今年下半年談成，明年春天正式簽約）。以上跟你解釋的，就是整個問事的過程跟邏輯。」

陳先生聽完後，搖搖頭對我說：「謝謝你，王老師，我真的第一次體驗到用擲筊就可以把一個案件問到這麼精細，難怪大家都稱呼你問神達人。這真的是很不容易、很厲害啊！王老師，你以後真的要開課，我要第一個來報名。」

「好，我一定會開課的。」我回答他說。

陳先生一家離開前，我又交待他一件重要的事：「陳先生，你這次來雖然是要問買店面的事，但這件事情不只有關買店面，也包含創業之事：買下店面後，不就要裝潢和開幕營業嗎？」

「對耶！」陳先生回答。

「我幫人處理事情，都盡量是完整性的幫，而不會片面性的幫。這是什麼意思呢？不管你們買下哪一間店面，一旦店面順利買下來之後，請再來找我一次，我幫你取店名（取店名的眉角，可以參考《解夢經典》中的〈問神達人王崇禮老師教你如何命名、取公司行號〉）、擇開幕日期和時辰，並且跟你說一下開幕那天要做什麼儀式，我們問事、辦事都是義務性、分文不取的，你不用擔心。我們前面這麼辛苦地問出結果，只剩下最後一個階段，可千萬不要出什麼差錯，再不然，你也可以就近找其他老師幫忙，平常心、順其自然就好。」

「好的，謝謝王老師你這麼嚴謹及謹慎幫我，我有好消息會馬上來跟你報告，再來請教後續該怎麼做，再一次感謝王老師。」陳先生握住我的手回答。

時間就這樣一天天過去了，我心裡常常會想起：陳先生店面進行得如何？有沒有順利買到呢？就在冬至過後沒幾天，陳先生一家再次來宗天宮找我了。當時，我正在幫其他信徒問事。

一進到廟裡，陳先生夫妻就眉開眼笑的說，他們順利買下他們最喜歡的D店面了，而且談成的價錢跟A店面沒差多少，只差三萬塊！只差三萬塊算是一個很好的結果，所以他就馬上付訂金、討論簽約了。陳先生還跟我說了一件很玄的事：「王老師，你知道嗎？D店面之前也是在做臭豆腐的，因為老闆年紀大又中風了，他的兒女希望接他到南部安心養病，不要再這麼辛苦做生意，所以才會要賣掉這間店面。」

聽到這個訊息時，我真的很開心，媽祖看事情的角度真的不是人所能想像的啊！新的店，新氣象，我幫陳先生取了店名，擇一個良辰吉日正式開幕，開幕當天也搭配媽祖的指示做了一些招財的儀式。開幕那一天，我也有去，看到陳先生一家那麼開心，我也跟著愉悅起來，我最心喜的是——他們一家可以從此安定下來，不用再像以前那樣四處被趕，甚至連小孩也要跟著父母一起奔波了。加油，陳先生！

更謝謝宗天宮媽祖，因為有祢的教導，我才有這個能力問出答案，謝謝祢，媽祖。

案例3 創業成功問法篇：宗天宮媽祖，弟子快無路可走了

用系統思考在「看不見的地方」找答案

「肝開竅於目，其華在爪。」這句中醫學理論的話，是指「肝功能正常與否，常常表現在眼睛的病變上，肝臟的盛衰反應，則是體現在人的指甲上」。這其實就是在告訴大家：觀察人事物內部是否有問題，可以先從外部的指標來判斷；更深入一點來說，即「裡面的東西，決定外面的東西；看不見的東西，決定看得見的東西；無形的東西，決定有形的東西」——這一個中醫辨證理論也是媽祖教我的一個重要問事觀念。

在我閉關時，神明告訴過我：「弟子，你以後看事情的角度應該要跟神明看事情的角度一樣，這個觀念對於你在問事當中找問題及解決問題都非常有幫助。在問事過程中如果遇到二個聖筊的情況，你就要開始有不同於一般人的觀念——不能只朝看得見的地方去找答案，也要把思維放在那些看不見的地方，這樣才能夠找到真正的答案，進而真正解決當事人的問題。」

有心想成為一位頂尖的問事達人，就一定要先讓這個觀念在自己的腦袋裡成型，而接下來這個案件就是一個典型代表，告訴我要往當事人看不見的地方去找答案，這個看不見的地方正是真正影

響當事人命運的關鍵主因——這是培養頂尖的問事人員具備這種觀念的學習案例，希望大家可以用心研讀與參透，相信你往後的邏輯思考一定會大大改變，跟過去完全不一樣。

案件三・創業成功問法篇》宗天宮媽祖，弟子已經快無路可走了……

某一年的農曆四月，石先生來到宗天宮，他一坐了下來就對我說個不停：「王老師，我之前是個上班族，但工作一直很不順，任職過的公司不是惡意倒閉讓我沒領到薪水，就是營運不佳資遣員工——而我就在名單上，讓我很氣的是，公司有很多比我資淺的人，沒資遣他們反而資遣我。還有一間公司更誇張，臨時無預警的通知我隔天不用去上班。這些遭遇對我來說是很大的打擊，我還有太太、小孩要養，這陣子求職又到處碰壁，家裡的經濟狀況已經到了快要斷糧的地步，簡直要走投無路了！只要想到太太跟孩子跟著我過這種生活，我就很痛苦、很痛苦。我一直在思考：我到底怎麼了？我的人生怎麼會變成這個樣子？上班、找工作的種種不順實在讓我心灰意冷，我忍不住想，與其這樣不如意的當一個上班族，倒不如自己創業當老闆。因此，今天想要來請示宗天宮媽祖我的事業問題。」

聽完石先生不如意的遭遇，再想到他還有家庭要照顧，我可以感受到他內心的著急、挫折感和痛苦。不過，請示神明要做什麼事業時，自己一定要先有目標及方向，於是，我照例先詢問石先生：「石先生，你想要創業，那麼有設定目標跟方向了嗎？」

「有，我已經選定好三個目標：(1)開泡沫冷飲店、(2)開麵攤、(3)在夜市擺攤賣衣服。」石先生回答。

一般創業問事流程

挑選幾個未來方向

↓

問出一個未來方向
就算有一個方向已經出現三個聖筊，還是每一個選項一定都要請示神明，建議可以多樣選擇評估

↓

中間可能會歷經不斷想筊、解筊的階段才會問出方向或更多要注意才能順利創業的事

↓

問出選項後，再挑選幾個合適開業的地點，一樣也要再請示過神明

↓

中間可能會歷經不斷想筊、解筊的階段才會問出合適的地點

↓

開幕日期與時辰的選定、店名的取名

↓

有無其他指示

↓

事後評估生意狀況

問事人員一定要堅守一個原則：當事人要問事業，一定要自己先有方向。問事絕對不可以太依賴宗教、神明——這不是一個科學與宗教並存該有的正向信仰觀念。

一開始請示神明要怎麼表達？

「好，既然你已經設定好三個目標，那我就從這三個目標一個一個幫你請示媽祖，看媽祖指示哪一個選項對你的未來最有發展。」我回答石先生。問事人員在請示神明的開頭話盡量要簡潔、直接、清楚，不要講一大堆拖泥帶水的話。於是，我的開頭話就直接說——

「奉請宗天宮媽祖列位眾神，今天石弟子因為事業上遇到許多不如意，目前還沒有找到適合的工作，因為弟子還有家庭需要照顧，不能一直沒有收入，所以目前設定了三個創業方向，一個是開泡沫冷飲店、一個是開麵攤、一個是在夜市擺攤賣衣服，石弟子不知道哪一個方向對未來比較有發展，所以來請示媽祖。

請示媽祖，如果媽祖認為石弟子選擇開泡沫冷飲店這個方向對未來比較有發展的話，請給弟子三個聖筊。」結果是「二個聖筊」。〔問題1〕

雖然開泡沫冷飲店這個選項已經有二個聖筊，但後面還有二個選項是未知數，所以還是要先把後面二個選想一併問完，再做下一步問法的修正。因此，我繼續接著請示媽祖。

「請示媽祖，如果媽祖認為石弟子選擇開麵攤這個方向對未來比較有發展的話，請給弟子三個聖筊。」結果是「一個聖筊」。〔問題2〕

「請示媽祖，如果媽祖認為石弟子選擇在夜市擺攤賣衣服這個方向對未來比較有發展的話，請給弟子三個聖筊。」結果是「一個聖筊」。〔問題3〕

請示創業項目時，全部的選項都要一一問過

這裡有一個重點，要把三個選項都全部問過一次，這樣的問法很重要，同時也一定要這樣問。為什麼？因為用選擇題問法時，有幾種情況會出現：

(1)可能三個選項當中，三個選項都沒有出現任何聖筊或只有一個聖筊。
(2)可能三個選項當中，有一個選項出現二個聖筊。
(3)可能三個選項當中，有二個選項出現二個聖筊。
(4)可能三個選項當中，三個選項全部都出現二個聖筊。
(5)可能三個選項當中，有一個選項出現三個聖筊。
(6)可能三個選項當中，有二個選項出現三個聖筊。
(7)可能三個選項當中，三個選項都出現三個聖筊，不過這種情況很少見。

這三個選項不管會出現這當中的哪一種情況，都必須依照出現的那一種情況繼續做問法上的修改，為了避免有遺漏掉任何選項的可能性，一開始一定都會把全部的選項全部問完再做打算。然

而，在這三個選項中，只有開泡沫冷飲店這個方向出現「二個」聖筊，針對這種聖筊數的情況要如何解筊呢？

我跟石先生解釋說：「我剛剛向神明請示了你所設定的三個創業選項，只有開泡沫冷飲店這個方向有二個聖筊，看起來開沫冷飲店可能比較有發展性，理由是只有這個選項有二個聖筊，其他二個選項都只有一個聖筊——代表不是答案，不用繼續問。但是，同樣也因為開泡沫冷飲店只有二個聖筊，還不算百分之百的確定就是這個選項，所以必須繼續問下去。」

出現二個聖筊時，用系統思考去想出可能影響創業的因素

接著，我繼續順著開泡沫冷飲店有二個聖筊的這個選項修改問法，這個時候請大家不要忘記，一定要回想前面我所寫的媽祖閉關教我的宗天邏輯推論法門概念加以應用。

開泡沫冷飲店只有二個聖筊，此時，就應該要開始思考：開泡沫冷飲店是可以，但還有什麼其他條件還不足，導致泡沫冷飲店只得到二個聖筊？

於是，我又想起閉關時媽祖教導系統思考時的大原則——成就一件事需要搭配天時、地利、人和，這三方面都要配合得很好才行。

先問時機點——時運不好會影響創業結果

這個時候我先想到的是時運問題，時運未到就貿然創業，效果當然不會很好。

先找出可能的時間點範圍

接下來，我就先用時機辨識法來確定石先生的時運在什麼時候，並依此來修改問法：

「請示媽祖，是不是石弟子選擇開泡沫冷飲店這個方向對未來比較有發展，並且時機點是在今年下半年來做會比較好，如果是的話，請給弟子三個聖筊。」結果是「二個聖筊」。（問題4）

這裡有一個重點，就是我先從今年下半年開始問，而不從今年上半年開始問起。這是因為石先生來問事是在四月，如果一開始就先問今年上半年，就有點不太合理了。為什麼呢？因為四月離上半年的尾端六月只剩下二個月，要開店創業需要找店面、還要裝潢……等，有非常多瑣事需要先完成，短短二個月的時間要完成所有的事，難度是非常高的。

問事人員在幫當事人問時機點的時候，要先考量這個時機點的充足性，是否可以跟當事人配合得起來。就是今年上半年這個時機點配合不起來創業開店前置事項的考量，我才會直接從今年下半年開始問起。

「請示媽祖，是不是石弟子選擇開泡沫冷飲店這個方向對未來比較有發展，並且時機點是在明年上半年來做會比較好，如果是的話，請給弟子三個聖筊。」結果是「一個聖筊」。（問題5）

「請示媽祖，是不是石弟子選擇開泡沫冷飲店這個方向對未來比較有發展，並且時機點是在明年下半年來做會比較好，如果是的話，請給弟子三個聖筊。」結果是「沒有聖筊」。（問題6）

注意，這裡的時間點我沒有繼續問到第四個時間點範圍，當中的道理也跟陳先生找店面 P114 一樣，因為石先生的情況也頗為緊急，並無法等待太久。

好了，三個半年的時間點範圍已經全部問完，只有在今年下半年開泡沫冷飲店這個方向對未來比較有發展得到二個聖筊，解筊部分該如何解釋呢？經過前面兩個案例，我相信大家對時間點的概念多少都有一些瞭解。對，沒錯，我跟石先生說：「到目前為止，只有開泡沫冷飲店和在今年下半年這個時機點得到二個聖筊，但是仍然沒有三個聖筊，所以，還是要再繼續問下去。」

時間點範圍出現二個聖筊時，用時機辨識法問出更精準的時機

接著，我用時機辨識法來繼續觀察，擲筊過程當中，聖筊在「今年下半年哪個月分的時間點範圍」會出現什麼變化，然後用得到的聖筊數來推論石先生真正開店的時機點在什麼時候。於是，我繼續修改我的問法——

「請示媽祖，是不是石弟子開泡沫冷飲店這個方向對未來較有發展，並且時機點是在今年下半年七月至九月來做比較好，如果是，請給弟子三個聖筊。」結果是「一個聖筊」。〔問題7〕

「請示媽祖，是不是石弟子開泡沫冷飲店這個方向對未來較有發展，並且時機點是在今年下半年十月至十二月來做比較好，如果是，請給弟子三個聖筊。」結果是「沒有聖筊」。〔問題8〕

出現這二種情況要如何解筊呢？我進一步說明：「剛剛媽祖指示你開泡沫冷飲店、今年下半年都各有二個聖筊，面對這種情況，要精準地把時機範圍濃縮到是不是在講今年下半年的七月至十二月的某幾個月，但問了二個修改過的問法都沒有出現三個聖筊，甚至連二個聖筊都沒有。」

正如我在前面問陳先買店面案例時提醒大家的，但凡這二個問法其中有出現二個聖筊，那肯定還要再繼續修改其他月分的時間點範圍下去問，但這二個時間點範圍七月到九月只有一個聖筊，十月到十二月沒有聖筊，都不是答案。因此，我跟石先生解釋說：「到目前為止，我可以斷定媽祖要

指示你『今年下半年開泡沫冷飲店』只得到二個聖筊，是因為還有其他比時間點更重要條件因素要指示。所以，我必須繼續修改問法，要一直抓到神明要講的那個重要條件因素出來為止，如此才能一步一步問出三個聖筊。」

時機點問不出三個聖筊，用系統思考找時運以外影響創業的分枝因素

既然加上時間辨識法後也沒有出現三個聖筊，甚至連二個聖筊都沒有，那就可以把「下半年中的某個或某些月分」這個因素排除掉了，不必再想，以免自己干擾自己。不過，還是要保留那二個有出現二個聖筊的問題——「選擇開泡沫冷飲店」這個創業方向，以及「今年下半年」這個時間點範圍。

現在，我們應該進一步思考的是：既然這二個項目有二個聖筊，但又不是要講時機點當中的哪幾個月，那媽祖是不是在暗示，似乎還有無法達到今年下半年可以開泡沫冷飲店的其他條件，由於欠點是一個影響層面很大的因素，所以第九次問法我決定先確認石先生過去在工作上不順是否是受到欠點的影響，便這樣修改了問法——

「請示媽祖，是不是石弟子選擇開泡沫冷飲店這個方向對未來比較有發展，而時機點是在今年下半年來做會比較好，但媽祖有查到石弟子過去工作上不順是因為被欠點影響到事業，如果是這樣的話，請給弟子三個聖筊。」結果是「沒有聖筊」。（問題9）

這種問法沒有聖筊或只有一個聖筊，那就表示石先先工作不順跟欠點沒有相關聯。相對的，這種問法如果有三個聖筊，那麼解筊就要變成：

(1)石先生可以在今年下半年開泡沫冷飲店，但是因為背後有欠點影響他的事業運，如果沒有找出欠點並加以解決，就算是自己創業，恐怕成果也會有限。

(2)欠點影響了石先生的事業運，不找出來解決掉，創業成果將會有限，再加上今年下半年是創業時機點，所以，石先生最好能在今年上半年好好把欠點處理完，讓自己的事業運沒有任何阻礙——沒了欠點的影響後，就可以在今年下半年開泡沫冷飲店，這樣創業的成果就會大大不同了。

當然，這種加上欠點的問法也可能會出現二個聖筊的情況，如果是這樣，就要再針對是「什麼樣的欠點」修改問法問下去，我下一章會再舉一個案例說明，但這次問欠點也沒有任何筊數，所以這裡就可以排除掉欠點這個因素了。

再加入籤詩來幫助問分枝問題——也許背後有擲筊難說清的原因

接下來，我就要運用雙系統籤詩搭配時機辨識法來系統思考，以進一步找出分枝問題，看到底石先生還有什麼嚴重性條件影響到他在今年下半年開泡沫冷飲店。

於是，我繼續修改問法：「請示媽祖，是不是石弟子開泡沫冷飲店的時機在今年下半年，但還要出弟子過去事業不順的原因的籤詩來對弟子補充說明，如果是這樣的話，請給弟子三個聖筊。」結果是「三個聖筊」。〔問題10〕

問到第十次終於出現三個聖筊了，那麼，這次的三個聖筊又要如何解釋呢？我於是跟石先生表示，要一個一個解釋給他聽。

(1)開泡沫冷飲店這個方向對石先生的未來比較有發展，可以朝這個方向去規劃。
(2)開店的時機點在今年下半年，即農曆七月至十二月底，記得要好好把這個時機點。
(3)此外，媽祖還指示要出過去事業不順的原因的籤詩來補充說明，但媽祖要補充說明什麼，得等籤詩抽出來才知道。

在跟石先生解釋完之後，我心想，其實這三點並不難理解，真正的重點與玄機就在第三點。為什麼呢？

正常來說，媽祖直接給石先生今年下半年可以開泡沫冷飲店「三個聖筊」就好，這樣的答案已經夠清楚了，為什麼還要指示要出石先生過去事業不順的原因的籤詩來補充說明？因此，我的思考就會是這樣：難道石先生過去事業不順有什麼特殊原因？不然媽祖為什麼還要再強調一次事業？而我也問過欠點這個因素了，欠點並沒有任何聖筊。

此外，別忘了還有一個思考重點，石先生是來問創業的，最後問出來的答案是開泡沫冷飲店，那麼，媽祖要講石先生過去事業不順的原因的這個問題，一定也是一個關鍵性問題，而這個關鍵性問題如果沒有讓石先生知道，就算他在今年下半年順利開了泡沫冷飲店，這個問題也會嚴重影響到他的泡沫冷飲店——因為二者都是有關聯性。再解釋得更明白、深入一點，如果事業不順原因這個關鍵性問題不指示給當事人知道，那麼石先生想在今年下半年開泡沫冷飲店的條件可能還無法具備完整，不然，媽祖不會多此一舉做出這種指示。

不管如何，還是等籤詩出來再說了。

整個抽籤程序已經完成，媽祖總共出了三支籤詩，配對在「過去事業不順的原因」。

配對：過去事業不順的原因		
六十甲子籤	第一支	丙申籤　龐涓馬陵道分屍、薛剛大鬧花燈跌死太子驚死聖駕 舊恨重重未改為，家中禍患不臨身，須當謹防宜作福，龍蛇交會得和合。
雷雨師百首籤	第一支	乙丙籤　姜太公釣魚 君今庚甲未亨通，且向江頭作釣翁，玉兔重生應發跡，萬人頭上逞英雄。
	第二支	丁丙籤　莊子慕道 不分南北與東西，眼底昏昏耳似聾，熟讀黃庭經一卷，不論貴賤與窮通。

解籤必須跟主題（抽籤配對）相連結

看到這三支籤詩，我真的非常佩服神明的智慧——神的智慧真的不是人可以想像的，尤其是看問題的角度——神看得比人更深、更廣，甚至可以說是一針見血的犀利。

我對石先生說：「六十甲子籤詩的丙申籤主要在講當事人有一種舊習氣、舊毛病還未改，而這個舊習氣、舊毛病深深影響到當事人所要問的這件事。籤詩的第一句話開宗明義地說『舊恨重重未改為』，『舊恨』指的就是舊習氣、舊毛病，而且多半都是指當事人比較負面的問題點，亦可視為根深蒂固的缺點。石先生你今天來問創業的事，媽祖指示你下半年可以規劃開泡沫冷飲店，但還要出你過去事業不順的原因的籤詩來補充說明，當中的邏輯就是：『你過去事業不順的原因如果沒有找出來，接下來也會延續下去，進而影響你開泡沫冷飲店。』這才是重點中的重點。」

石先生緊張地問我：「王老師，是欠點嗎？」

我回答說：「不是欠點。如果是欠點，我剛剛請示媽祖就應該會有三個聖筊或二個聖筊了，可是剛剛都沒有聖筊，可見籤詩講的不是欠點，而是其他的問題，這樣比較符合邏輯。」

「說的也是。」石先生說。

我繼續解釋說：「既然丙申籤講的重點是你有一些舊習氣及根深蒂固的缺點，那到底是什麼樣的舊習氣及根深蒂固的缺點？接著看二支百首籤就會知道了。

第一支百首籤的歷史典故是『姜太公釣魚』，姜太公在遇到周文王之前，在渭水用一根沒有魚餌的直鈎釣魚。百首籤講的是丙申籤的微妙細節，所以我們要從這個典故去解你的舊習氣和缺點，而且別忘了，媽祖指示籤詩配對在『你過去事業不順的原因』。所以，這張籤詩是在說明：你過去在工作上，只是坐在那而沒有積極的作為，在主管、老闆的眼中，甚至是沒有什麼生產力的，對公司沒有什麼貢獻——就像姜太公用直直的魚鈎釣魚，根本就釣不上魚，用錯工具導致釣不上魚，在老闆的眼中豈不是沒有生產力、對公司沒有貢獻？

此外，籤詩的第四句『萬人頭上逞英雄』，則暗示你在公司的人際關係也不太好——在很多人頭上逞英雄，有點沒有把他人放在眼裡，有些唯我獨尊的感覺。

整合起來說，一個沒有生產力、對公司沒有貢獻又不尊重他人的員工，你覺得公司能忍受嗎？

當然是一逮到機會就叫他離開了，不是嗎？籤詩的意思就是這樣的，但我不知道你在公司是不是這樣，這你本人比較清楚。」

解完第一支百首籤後，石先生有點不好意思地微微點頭說：「有時候確實會這樣沒錯。」

我對石先生說：「既然籤詩上面講的有吻合你的狀況，那就表示媽祖查得沒錯。不過，還是要等第二支百首籤解完才能夠做全盤的判斷。」

「好。」石先生說。

「第二支百首籤的歷史典故是『莊子慕道』，戰國時代楚威王邀請莊子擔任卿相，但莊子一生嚮往逍遙無拘束的生活，希望以遊戲的方式來暢快自己的志向，所以拒絕了楚威王的邀請。『莊子慕道』這個典故若應用在詮釋你的習性跟缺點，那就是主管交待你做什麼事時，你有時很難配合，甚至會直接拒絕主管的工作派令。如果你在公司確實有這種行為模式，那確實是犯了職場上的大忌，很少有主管、老闆及公司允許底下的員工這樣的。」

頓了一下後，我繼續對石先生說：「那麼，我現在把這三支籤詩做一個重點總結，這樣你會更清楚媽祖要表達什麼意思。媽祖指示你有舊習氣及缺點一直沒有改掉，而你的舊習氣及缺點就是導致過去你事業不順的主因——換句話說，就是舊習氣及缺點讓你被資遣、被無預警通知不用來上班的。你之所以走到哪個公司都會遇到這種情況，主因就是你的工作態度無法讓公司接受，不是沒有生產力、對公司沒有貢獻，不然就是拒絕主管的派令、比較喜歡輕鬆的工作而不做繁重的任務。此外，你的人際關係也欠佳，不太把他人放在眼裡、不太尊重同僚。

『君子問凶不問吉。』這些話很直接，也許你聽得很不是滋味，但為了讓你日後的事業不再發生同樣的情形，媽祖才會忠言逆耳的全部告訴你，不然，以籤詩所說的習性來看，你應該很難遇到會對你『說真話』的人或朋友。一般來說，會跟你講真話的朋友，大多是幼稚園或國小同學，如果同學對你說『走開啦，你好臭喔』，多半你就是真的很臭。不過，現在大家都是成年人了，很少有機會遇到這麼直接的朋友，大多都會顧慮到講了真話是否會跟你鬧翻或撕破臉。所以，如果講得比較直接，也請你多包涵。」

其實，石先生的本性沒有那麼差，可能只是沒有遇到會直接給他當頭棒喝的朋友，導致他不知道自己的問題在哪裡。為什麼我會這麼想呢？因為石先生在聽完我的解籤後說：「王老師，你剛剛在解我的習性跟缺點方面的籤詩時，我邊聽你解籤，邊回想過去在公司的情形，我還真的確實是有這樣的問題跟毛病，如果有人跟我講，雖然不敢說會全部都改過來，但至少會收斂很多。謝謝你，王老師。沒錯，沒錯，我確實是有這種缺點。」

我對石先生說：「這樣很好，人不怕犯錯，怕的是不知道自己錯在哪，最糟的是犯錯還不認為自己有錯。今天媽祖跟你說這些，也是為了你好，讓你日後的事業不再發生同樣的事，這樣你的事業才會走得更順利，未來開店也會更有發展性。」

從這個案例我學到什麼：修改問法時如何去找出要問的問題？

石先生感慨的說：「謝謝你，王老師，我今天終於知道自己的根本問題出在哪裡，真的很謝謝宗天宮媽祖超準的籤詩，尤其是我之前從未看過六十甲子與雷雨師百首籤雙系統籤詩。還有，王老師你的問事能力及出神入化的解籤功力真的是頂尖的，我走過很多宮廟，還沒有遇到用擲筊問事可以問到這種境界的，真的很厲害！希望宗天宮可以開這種課，讓更多人學到這種知識。今天親身體驗到擲筊的過程，發現問事的過程中要思考非常多的邏輯，我對這方面很有興趣，也很想學，可以請你再解釋一次今天的問事重點嗎？我超想學老師你那種邊問事邊邏輯推論，然後最後證明你的推論是正確的那種方法，超厲害的！可以教我嗎？」

問創業時，要自己先思考過要做什麼並列出選項

我回答石先生說：「沒問題，只要你有心想學，我都很樂意教。石先生，你今天來的主要目的，是過去工作上遇到很多不順的地方，不是被資遣，就是無預警的被通知不用去上班，在心灰意冷之下而想要自行創業。你設定了三個創業方向，一是開泡沫冷飲店、二是開麵攤、三是在夜市擺攤賣衣服，想請示媽祖哪一個發展性比較好。在擲筊請示媽祖的過程當中，只有開泡沫冷飲店這個選項有二個聖筊，其他二個選項都只有一個聖筊（不是答案），這種狀況要怎麼解釋呢？」

石先生搖搖頭表示不知道。我於是告訴他：「這表示開麵攤及在夜市擺攤賣衣服這二個選項對你的未來沒有發展性，只有開泡沫冷飲店對你的未來『可能』比較有發展性。注意，我是說『可能有發展性』，還不能很篤定對你的未來有發展性，因為這個選項只有二個聖筊，還沒有得到三個聖筊——若得到三個聖筊，就可以很確定的說開泡沫冷飲店這個選項對你的未來是有發展性的。

一般人自己擲筊問事到這個階段後，大多就停滯而問不下去了。為什麼呢？因為絕大多數人不知道該如何繼續問。為什麼不知道該如何繼續問呢？因為不懂什麼叫邏輯推論、也沒有邏輯推論的

方法、更沒有如何應用邏輯推論的策略，所以只要擲筊問事遇到二個聖筊，就會開始恐慌，不知道接下來該怎麼問。其實，擲筊並沒有那麼困難，只要學會宗天邏輯推論法門，不管遇到多麼困難與複雜的案件，都不用花費太多時間就可以問到三個聖筊。

以石先生你的案件來看，三個選項中，至少已經排除掉二個選項，只剩下一個得到二個聖筊的選項，因此可以把精神集中在開泡沫冷飲店這個選項。

遇到二個聖筊要如何問下去？先思考成事的天時地利人和，勿天馬行空亂問

重點來了，是什麼原因導致這個選項只得到二個聖筊呢？此時就要去思考：開泡沫冷飲店需要什麼條件一起配合，才能夠把店開起來並且能夠賺到錢，在這當中，天時、地利、人和這三個條件是必備的。

首先，我運用時機辨識法來確定開店的時間點範圍，就是為了掌握天時在什麼時候，地利講的是店面、開幕方面，而人和講的是人為方面有關的條件，自己的個性、顧客方面都屬於人和的條件範圍。更具體一點來說，**大家自己在擲筊時若遇到二個聖筊的情況，可以先思考這三個條件，這樣起碼會讓自己有方向再繼續問下去，而不至於讓自己問事問到卡關。**」

聽到這邊，石先生問我：「王老師，我看你在擲筊問事的過程中會多次修改問法，這當中有什麼竅門嗎？」

我回答石先生：「問得好！**不斷針對擲筊時呈現的聖筊數狀況來修改問法，是問事人員在擲筊問事時必定會遇到的情況**，我們不可能每次都是問神明一個問題就馬上得到三個聖筊，多次修改問

法，為的就是要從二個聖筊問出三個聖筊，所以，修改問法的訣竅非常非常的重要，一定要好好學起來。

有得到二個聖筊的選項都要集中起來，一個聖筊或沒有聖筊的選項要除掉

修改問法也是有方法的，不能天馬行空亂改，否則最後一定會問到離題，牛頭不對馬嘴。時機辨識法就是修改問法的方法之一，用這個方法，我至少問出開店時機在今年下半年，雖然只有二個聖筊，但至少可以把其餘時間點範圍都排除掉，好讓自己把精神集中放在今年下半年，不用再去想是否還有其他時間點範圍，這能避免自己把自己的思維搞亂。

記得嗎？我把有二個聖筊的選項都集中起來，一是開泡沫冷飲店，二是今年下半年，然後又利用時機辨識法排除掉下半年某些月分範圍的項選，之後又用系統思考排除掉欠點這個因素（要順利開店，不能有欠點干擾）。問到這裡，我開始思考：現在已經排除掉一些因素了，那麼，今年下半年開泡沫冷飲店到底還有什麼條件不足（反推法），不然為什麼沒有辦法得到三個聖筊？

還要從當事人描述問題時所提供的線索去思考問題

其實，我本來想先往地利方面去修改問法，也就是店面方面的問題，因為店面的選擇對於生意成敗同樣占了很大的條件因素，但我忽然想到石先生你跟我說過去事業有諸多不順——會有這麼多的不順，依照我問事二十三年的經驗，大多不是受欠點影響，就是個性方面有嚴重缺點。正是這一點，啟發我先往人和這方面去修改問法，而不是朝店面方面下去問。此時，要繼續運用系統思考找

分枝問題。於是，我就把原本二個得到二個聖筊的選項，搭配『抽籤配對在事業上很多不順的原因』，果然，這麼一問，就得到三個聖筊了。

把籤詩抽出來並解籤之後，我們知道媽祖是要提點你有一些舊習性和缺點，這些若不改掉，就算自己開店創業，效果也不會很好。

從整個擲筊問事過程、連續運用宗天邏輯推論法門各技巧修改問法，到最後終於成功問出三個聖筊的答案，這一切在在證明神明看事情的角度真的跟人很不一樣，看到的都是很深入的關鍵點，而當中的關鍵問題如果沒有一併處理，開泡沫冷飲店的效果也不會很好，這樣你不就又會重蹈過去事業不順的覆轍了？你說對嗎？」

石先生猛點頭說：「王老師，我真的是第一次看到有人只用擲筊的方式，就可以把事情問到這種境界，更重要的是，整個問事過程充滿了科學的觀念與邏輯推論的思考——這一點，宗天宮真的與一般宮廟有很大的不同！謝謝王老師，讓我上了一門很寶貴的課，真心希望宗天宮能夠盡快興建落成，王老師能夠盡快開班授課，這也是許多像我一樣遇到困難的人所期待的，更是臺灣宗教最需要的部分。謝謝你，王老師。」

「謝謝你，石先生。等宗天宮落成之後，我一定會盡快開班授課，我也希望能在有生之年教出一些優質且正派的學生。在開店的這段期間，你如果還有不瞭解的地方，千萬不用客氣，可以隨時問。」我回答石先生。

「謝謝王老師，最後再請教你一個問題。既然我下半年即將要開泡沫冷飲店，你也說過地利方面，也就是店面對生意的成敗影響也很大，所以這方面的問題，我今天應該要請教你才對。」

我回答石先生：「對，這部分也很重要，絕大多數的人只要問到創業的選項和開店時機點在什麼時候，就忘了後面還有一些條件要一起配合，才能讓開店的效果更加彰顯，比如店面的選擇、店名的選取、開幕的良辰吉日等。如果你有需要幫忙，我很樂意協助你，希望你開店之後事業能夠一帆風順。當然，除了這個以外，不要忘了改掉媽祖提醒你那些不好的缺點跟舊習性喔！」

後來，我也替石先生向媽祖請示，選了一間適合他的店面（買房、買店面的眉角和問法，請參考陳先生買房攻略問法 P114），也取了店名，再配合開幕的良辰吉日，並遵照媽祖所指示一些可以幫助事業興旺的特別方法後，正式開幕了。石先生的冷飲店現在做得有模有樣，農曆三月媽祖生日時，還特別叫人送店裡的飲料來宗天宮，讓志工及信徒一起分享。看到石先生的事業蒸蒸日上，我非常開心。我開心的不只是他的飲料店生意好，也欣慰他一改當初媽祖用籤詩指示他的舊習性與缺點，讓他的人際關係大大不同以往——這就是正向宗教偉大的力量，能讓一個人把根深蒂固的舊習性與缺點在短時間內改善，進而改變自己的人生與家庭。這正是宗天宮最希望看到的結果，宗天宮一定會盡最大的努力把這套宗天法門傳於後世，幫助困苦的人改變他們的人生。

風格創業家的問事法——反推法的另一個不可思議用法

系統思考中的反推法技巧，不只可以用在如何把二個聖筊問出三個聖筊，它其實還有一個獨特的功能，那就是打破成規的思考訓練，讓自己的想法更有創意、更有別於其他人，這一個功能特別可以用在創業上，讓自己在事業上標新立異，甚至鶴立雞群。

想要利用反推法來風格創業的人，在擲筊問事的時候，可以依照以下五個步驟進行。

▼**步驟一**：設定主題。

▼**步驟二**：列出這個主題的所有問題假設。

▼**步驟三**：反推每一個假設。

▼**步驟四**：反推後試著找出解決方式，不一定每一種假設反推後都可行，但起碼都要先反推思考。

▼**步驟五**：整合反推之後可行的點子，創意就誕生了。

案例示範

▼**步驟一**：設定主題

開設一家咖啡廳。

▼**步驟二**：列出這個主題的所有問題假設——開設一家咖啡廳所需要的條件

(1)要有實體店面

(2)要有廚房

(3)要有咖啡豆

(4)要有煮咖啡機

(5)要有收銀臺

(6)要有桌椅

(7)要有菜單

(8)要有服務生

▼**步驟三：反推每一個假設**

(1)我有沒有可能開一間沒有實體店面的咖啡廳？

(2)我有沒有可能開一間沒有廚房的咖啡廳？

(3)我有沒有可能開一間沒有咖啡豆的咖啡廳？

(4)我有沒有可能開一間沒有煮咖啡機的咖啡廳？

(5)我有沒有可能開一間沒有收銀臺的咖啡廳？

(6)我有沒有可能開一間沒有桌椅的咖啡廳？

(7)我有沒有可能開一間沒有菜單的咖啡廳？

(8)我有沒有可能開一間沒有服務生的咖啡廳？

▼**步驟四：**反推後試著找出解決方式，不一定每一種假設反推後都可行，但都要先反推

(1)我有沒有可能開一間沒有實體店面的咖啡廳？

↓問自己：如果要開一間沒有實體店面的咖啡廳，那要在哪裡營業？

↓解決方式：行動咖啡車……。

(2)我有沒有可能開一間沒有廚房的咖啡廳？

↓問自己：如果要開一間沒有廚房的咖啡廳，那我要在哪裡料理？

↓解決方式：行動咖啡車裡面有簡易的料理空間……。

(3)我有沒有可能開一間沒有咖啡豆的咖啡廳？

↓問自己：如果要開一間沒有咖啡豆的咖啡廳，那消費者要喝什麼？

↓解決方式：這一點恐怕不可行，必須要有咖啡豆……。

(4)我有沒有可能開一間沒有煮咖啡機的咖啡廳？

↓問自己：如果要開一間沒有煮咖啡機的咖啡廳，那要怎麼煮咖啡？

↓解決方式：也許可以用濾掛式咖啡替代……。

(5)我有沒有可能開一間沒有收銀臺的咖啡廳？

↓問自己：如果要開一間沒有收銀臺的咖啡廳，那我要在哪裡收錢？

↓解決方式：像小攤販一樣自己收錢、找錢……。

(6)我有沒有可能開一間沒有桌椅的咖啡廳？

↓問自己：如果要開一間沒有桌椅的咖啡廳，那消費者要在哪裡喝咖啡？

↓解決方式：行動咖啡車只提供外帶……。

(7)我有沒有可能開一間沒有菜單的咖啡廳？

↓問自己：如果要開一間沒有菜單的咖啡廳，那消費者怎麼知道要點什麼咖啡？

↓解決方式：這一點恐怕不可行，必須要有菜單……。

(8)我有沒有可能開一間沒有服務生的咖啡廳？

↓問自己：如果要開一間沒有服務生的咖啡廳，那誰負責送、端咖啡給消費者？

↓決方式：如果用行動咖啡車的方式營業，老闆可兼服務生……。

▼步驟五：整合反推後可行的點子，創意就誕生了

把剛剛反推過且可行的點子一起整合思考，或許就可以有很多新創意。比如：行動咖啡車、行動咖啡窯烤披薩車……。

我們都知道要創意、要創意，但就是不知道要如何創意；反推法就是一種提供創意思考的管道，讓大家在事業上更有創意也更有競爭力。

案例 4 靈異事件問法篇：媽祖，我…要…修…行……

運用系統思考從大海撈針，漸漸鎖定「精神突然失常」的主因

問事人員會遇到的案件五花八門，有的簡單，有的複雜。有些有明確的問題讓人可以直接針對該問題請示神明，比如姻緣時機在什麼時候、運勢何時起運、選擇走這個方向好不好……，這些都是一開始就有明確的問題可以直接請示神明；有些案件難就難在沒有明確問題與目標問神明，只能靠問事人員抽絲剝繭，運用思考方法、邏輯推論、整合能力，像大海撈針那般，從原本漫無邊際的範圍，一點一滴慢慢的聚焦到小範圍，鎖定幾個最有可能的問題，接著再一一請神明指示哪一個問題才是案件的根本問題。一旦確定了根本問題，最後還要請神明指示解決的方案。

這類型的案件是最複雜、最難問的案件，問事人員一定要保持清晰的腦袋，不要慌張，要有耐心慢慢地去思考，過程中必須要有邏輯性、合理性及系統連結性。只要問事人員能夠具備這樣的能力，再難的案件都可以問得一清二楚，並進一步使案情水落石出。

下面這個案件就屬於這種類型，因此，有心想成為頂尖問事人員的讀者，一定要花時間好好去研讀、參透當中的奧妙——只要能夠有所領悟，你的問事能力一定會成長很多。

案件四・靈異事件問法篇》媽祖，我…要…修…行……

這一天，趙先生和他太太鄭女士來問他們女兒身體的問題。從這對夫妻的精神和氣色來看，一眼就能察覺他們這一陣子一定十分身心俱疲。

我問趙先生：「趙先生，問事單上寫著要問你女兒身體方面的問題，請問她是怎麼了？」

趙先生回答說：「王老師，我主要是要問女兒精神方面的問題。我女兒現在大學三年級，她從小就對音樂很有興趣，也很有天分，所以我們夫妻倆從她國小、國中、高中就一路栽培她走音樂這條路，大學也順利考進了音樂系，她的專長是鋼琴跟小提琴。我女兒從小在學習上就挺自主的，不用我們夫妻操心，大學一年級的時候，她就開始跟團去人家的婚宴上演奏兼差，賺學費跟生活費，是很乖、很懂事的女孩子。」

「嗯，大學一年級就學以致用兼差賺學費及生活費，挺懂事的，很不容易。」我回道。

「是啊。可是王老師，差不多半年前，我女兒就開始出現一些問題。她沒有住宿舍，是跟三位同學在外面合租房子。有一天，她在教室上課的時候忽然大叫一聲後昏倒了，過了幾分鐘，她醒了過來，卻一直看著天花板大叫，叫聲很淒厲。我有看她同學用手機錄的畫面，她的右手竟然比著那種像法師在作法時比的手勢，一直對老師大聲講：『我不會死！我不會死！我告訴你，我不會死！我不會死！』然後，她雙手合十，又用很大聲的音量對著老師說：『阿彌陀佛，我要修行，我要修行，我就是要修行……。』接著就開始唸起經來，聽起來好像是在唸〈大悲咒〉。班上的同學看到這種景象都非常害怕，授課老師也被她的舉動嚇到了。

於是，學校立刻就通知我們了。我們很快就送我女兒去醫院，送醫沒多久，她就漸漸平靜了下來，住院了二天。後來，醫院評估沒問題，就讓我女兒出院了。但是，出院後她的行為就好像變了一個人似的，最明顯的地方就是：有時候她眼珠子會突然往上吊，手比著天花板自言自語，然後又開始唸經。有幾次，我想打斷她，她立刻抓狂，抓住我的手說：『我在作法，你最好不要打斷我，不然你會被抓去枉死城喔！我是看在你是「她」爸爸的面子上，不然我馬上抓走你！』

這種情形時有時無，有時候一個禮拜一次，有時候三天就一次，平均下來大概是一個禮拜至少一次。我跟我太太都在上班，實在沒辦法一直照看著她，所以情況嚴重的時候就送去醫院。每次送她去醫院，看她躺在病床上的樣子，我們夫妻就很痛苦。」

講到這邊，趙先生和一旁的趙太太都忍不住哭了，聽著聽著，我同樣也心頭一陣難過——這麼乖巧的女孩子就這樣忽然變了一個人似的，做父母親的怎麼能不痛心？

趙先生控制好情緒後繼續說了下去：「王老師，有一點很奇怪。只要我們送女兒去醫院，沒多久她又會變正常，而醫生觀察我女兒正常了，就會讓她出院——這樣一來一往，不知道多少次。

這段期間，不管是親戚、朋友或鄰居，都會很好心的告訴我要帶我女兒去哪裡拜拜、去哪間廟處理。只要我女兒出院，我就會帶她去廟裡拜拜。我們去過的廟或神壇已經有好幾間了，雖然拜過或處理過後都會正常一段時間，但是之後就會再復發。

有一次，我們夫妻帶女兒去一間廟拜拜，她走進去廟裡後，整個人就開始打嗝，而且不是幾下而已，是連續好幾分鐘。打嗝完，她開始在神的面前哭，邊哭身體還邊轉圈圈。看到這種情形，我們就趕緊帶她走出廟，很奇怪，只要走出廟就不會打嗝也不會哭了。我跟太太後來連帶我女兒去廟裡拜拜都會害怕，不知道到底該不該再帶她去拜。

現在，由於跟學校講好先讓女兒在家休養，暫時不去學校上課，所以目前我和太太都離職在家照顧她。

前一陣子，我發現她的情況有好一點，還在想是不是病情已經好轉。有一次，她主動開口說要跟團去婚宴演出，我們想說既然有好轉，就讓她去。想不到，在婚宴上演出到一半，她又發作了！她把小提琴放著，跑去搶主持人的麥克風，對著全場賓客說：『可憐啊，可憐，世人真是可憐，不知道這一個婚結下去後不久就要離婚，我真是替他們可憐。為了表達我對他們的憐憫，我來唱一首歌曲。』接著，我女兒竟然唱那種好似辦喪事在唱的哀樂，還唱到哭了起來，把人家的婚宴搞得一團亂，那一團的負責人嚇死了，趕緊把我女兒帶走，不讓她繼續演出。事後，我們夫妻還去跟新人和新人的父母道歉，好在對方不追究，事情才沒有鬧大。

王老師，我真的不知道女兒為什麼會這樣！我們夫妻真的有點撐不下去了。今天來就是想拜託王老師，想誠心請示媽祖，看到底我女兒是有什麼問題，怎麼好端端的一個人會變成這樣？」

複雜案件問事第一步：從大海撈針開始找問題，再聚焦鎖定問題

趙先生說著說著又哭了出聲，我連忙安撫他和他太太說：「趙先生，你們先不要難過。聽起來你女兒的情況確實很奇怪，就像你說的，原本那麼乖巧的女孩子怎麼會莫名變了一個人，這連我都覺得很不尋常。此外，聽你敘述你女兒發作時的一些動作手勢、講的一些話、到廟裡出現的一些行為，都確實不像一般正常人，確實異常。

我比較擔心的是，你女兒本人沒有來，所以不確定媽祖今天會不會指示癥結問題出在哪裡，一般遇到這種情形，當事人在場通常會比較好，因為媽祖若有查到什麼問題就能立即做處理。不過，沒關係，我還是先幫你請示媽祖，看媽祖怎麼指示，我們再做打算。」

此時，要開始正式請示媽祖了，但要怎麼開始問神明問題才是重點，而且在問神明問題的過程當中「一定」會遇到二個聖筊的情況，而解讀這二個聖筊所代表的意思，以及如何繼續從二個聖筊問出三個聖筊，就是重點中的重點了！

問「有欠點影響」得到二個聖筊的意義

於是，我開頭先直接請示媽祖並開始第一個問題——

「奉請宗天宮媽祖列位眾神，今天趙弟子夫妻誠心來祈求媽祖眾神，主要是因為趙弟子的女兒精神狀況在半年前開始出現狀況，這段期間，趙弟子的女兒也都有經過醫學治療和宗教方面的處理，但至今狀況仍然沒有改善。趙弟子的女兒精神方面的整個情形，也已點香一一詳細稟報過媽祖，相信媽祖也查明清楚所有來龍去脈。祈求媽祖大發慈悲指點迷津，指示趙弟子他女兒的精神方面問題的根本原因到底出在哪裡，不然這種情形如果一直持續下去，不只身為父母親的會很擔心跟焦慮，也會影響到信女自己的學業跟未來的人生，畢竟信女現在只是大學三年級的學生，還有大好的未來等著她。

所以，弟子首先要請示媽祖，趙弟子的女兒精神方面出狀況到底有沒有欠點影響，如果有欠點影響的話，請給弟子三個聖筊。」結果是「二個聖筊」。〔問題1〕

我問有欠點影響的時候出現二個聖筊，現在必須緊接著問另一個問題，才能夠解釋這二個聖筊的意思。於是，我再次請示媽祖——

「請示媽祖，還是趙弟子的女兒精神方面出狀況沒有欠點影響，而是純粹是精神方面出了問題，如果是沒有欠點影響的話，請給弟子三個聖筊。」結果是「沒有聖筊」。〔問題2〕

這裡有一個重點：為什麼要問第二個問題才能夠做確定的解釋？第二個問題我是問「沒有欠點影響」，假設有三個聖筊的話，那就要解釋成：

(1)有欠點，但這個欠點不是我心裡面所想的那種無形的欠點。

(2)既然不是無形的欠點，那就有可能純粹是精神方面受到什麼壓力、刺激，或是一些非無形因素所造成的問題，不能完全稱做欠點，所以第一個問有欠點影響的問題才會只得到二個聖筊。

(3)如果趙先生的女兒「沒有欠點」有三個聖筊，「有欠點」有二個聖筊，那我就會繼續請示：「媽祖，趙先生的女兒是在生活上遇到什麼困難、壓力或遇到什麼刺激才導致這樣。」總而言之，就不能再往「無形的欠點」這個方向下去問。

(4)沒有無形的欠點，又有問出造成精神方面出狀況的主因了，那麼，接下來就只能尋求精神醫學方面的治療，所以要進一步請示媽祖，趙先生女兒的貴人醫院在哪裡，這樣才算是一個完整的問事過程。

接著，讓我們反過來思考一下，既然第二個問題「沒有欠點影響」沒有得到任何的聖筊，而第一個問題「有欠點影響」得到二個聖筊，那麼，接下來就要往這個角度思考才對：「我已經排除掉『沒有欠點』這個因素了，也就是說確實是有欠點的，那麼，為什麼媽祖只給二個聖筊而不給三個聖筊呢？」

欠點有分內、外兩方面

在這裡，我要公開一個訣竅，那是我閉關的時候媽祖所教授的：「弟子，你以後請示神明什麼欠點的時候，要注意欠點有分內方面、外方面二種，這一點一定要特別記下來，如此一來，你就可以聚焦地問出是哪一種欠點，準確率達百分之百。若這位信徒的欠點是內方面的欠點有三個聖筊的話，那就往內方面的欠點選項去思考。相對的，若這位信徒的欠點是外方面的欠點有三個聖筊的話，那就往外方面的欠點選項去思考——這個訣竅，能夠幫助你在請示神明欠點時不至於問到荒腔走板。」

所以，當問事人員問到有欠點的時候，最好要分清楚當事人的欠點是內方面或外方面的欠點，才比較具體。

(1)**內方面的欠點**：家裡面的欠點，如祖先問題（男生倒房、女生倒房、不該拜卻拜、雙姓祖先、祖先牌位……）、家中神桌問題、家神問題、陽宅、陰宅……等等。

(2)**外方面的欠點**：外面所遇到的欠點，如外陰，通常分外方、孤魂（外方和孤魂很接近，所以在《神啊！我要怎麼問你問題？》裡是合在一起說的，但其實還是有些不同）、男魂、女魂、迷花……等等。

常見的內、外方面欠點

內方面欠點（家裡面的欠點）	
祖先	**倒房**：小時候不幸夭折往生、一生未婚、沒有後代就往生等斷香火者——不管是否成年，都稱「倒房」。有分男生倒房、女生倒房兩種。
	不該拜卻拜：正常來說只能拜該拜的祖先——直系血親家族的祖先，如果不是你這房的（即伯叔兄弟輩已經各有後代）的祖先，就不能拜，否則會有問題。
	雙姓祖先：祖先曾冥婚或祖先曾被招贅，都會造成雙姓祖先的情形。
	祖先牌位：祖先牌位上的資料一定要正確無誤，且一定要是直系血親，否則容易出問題。
家中神桌	最初在安神桌時沒有處理好，導致沒有神在裡面。
家神	最初在開光時沒有處理好，導致沒有神在裡面，或者是原本有神後來離開而不在金身裡面，但還沒有不好的靈跑進去金身裡。
陽宅	陽宅的風水如壁刀、風煞等等。
陰宅	陰宅的風水如土葬的墳墓、骨灰罈、家族墓厝等等。

外方面欠點（外面遇到的欠點）	外陰	外方、孤魂、男魂、女魂、迷花……等等，都屬外陰，這些分類，主要是神明要讓當事人更知道遇到的是什麼陰的形態。

內、外兩方面的欠點都出現兩個聖筊，代表有內方面欠點也有外方面欠點

要請大家注意，當擲筊問事時，你遇到了內方面欠點有二個聖筊、外方面欠點也有二個聖筊的情況，這「大部分」就是代表當事人的內、外兩方面欠點都有。如果是這種情形，通常這位當事人在運勢、事業、身體各方面都會很差。趙先生女兒精神方面的問題，到目前未止只有第一個問題出現二個聖筊，也就是趙先生的女兒精神狀況的確有欠點影響，但還要先把內、外方面的欠點釐清，才能夠讓自己的腦袋跟思緒更簡單些。

於是，我再次修改問法——

「請示媽祖，趙弟子的女兒精神方面出狀況有欠點影響是二個聖筊，那麼這個欠點是不是屬於內方面的欠點，如果這個欠點是屬於內方面的欠點的話，請給弟子三個聖筊。」結果是「二個聖筊」。〔問題3〕

「請示媽祖，趙弟子的女兒精神方面出狀況有欠點影響是二個聖筊，還是這個欠點是屬於外方面的欠點，如果這個欠點是屬於外方面的欠點的話，請給弟子三個聖筊。」結果是「二個聖筊」。〔問題4〕

問事到目前這個階段，如果是沒有經驗或沒有耐心的人，一定會自亂陣腳，甚至是超級慌。怎麼內方面的欠點出現二個聖筊，外方面的欠點也出現二個聖筊？內、外方面都出現二個聖筊的這種聖筊數情況到底要怎麼解釋？神明到底在暗示著什麼？

請不用懷疑，出現這種筊數的情況十分司空見慣、很常發生，而且背後隱藏著很大的玄機。所以，我還是要再提醒大家一次，如果想輔佐神明濟世救人並成為一位頂尖的問神達人，這一種筊數的關卡一定要能參透，只要能夠悟得出來，你的問事功力跟思考能力一定會大大提升。

此時，我跟趙先生說：「很奇怪，為什麼內方面跟外方面的欠點都有二個聖筊？這裡面一定隱藏著什麼玄機，不然媽祖不會指示這種聖筊數。擲筊結果解讀必須要吻合現況，才能百分之百的準確，既然內、外方面的欠點都有二個聖筊，那就表示——你女兒的精神方面出問題很可能不只受到內方面欠點的影響，也有受到外方面欠點的影響。

如果先問內方面的欠點時就得到三個聖筊了……

問到內方面欠點三個聖筊時，就直接問是什麼欠點，不用問外方面有沒有欠點。

等到內方面的欠點找到了，再問除了這個欠點以外還有沒有其他欠點。如果沒有聖筊，就代表沒有任何欠點了，沒有任何欠點當然也就代表沒有外方面的欠點。

如果有二個聖筊或三個聖筊時，那就再繼續朝內方面的欠點問，如果內方面的欠點選項問完了，都沒有二個或三個聖筊，就可以問：這個欠點是不是指外方面的欠點。

總之，內方面欠點先有三個聖筊時，就要先朝內的找欠點，找到一個之後，如果神明指示還有其他欠點，也要先朝內方面的欠點選項問，都沒有再朝外方面的欠點選項問。

分別問出內、外方面的欠點是什麼，才會得到三個聖筊

至於媽祖分別只給二個聖筊，代表我們沒有問得很具體——也就是說，內方面的欠點要具體問出是什麼欠點，外方面的欠點也要具體問出是什麼欠點，這樣媽祖才會給三個聖筊。

利用擲筊問出內方面欠點

所以，我們現在要一個一個開始找，內是什麼欠點，外是什麼欠點。

先核對問事人家中狀況，初步排除一些可以排除的欠點選項

趙先生，現在我必須要跟你核對一下你家的現況。所謂內方面的欠點，指的是有關家裡面的欠點，比如祖先問題（男生倒房、女生倒房、不該拜卻拜、雙姓祖先……）、家中神桌問題、家神問題、陽宅問題、陰宅問題等等。我先問你，家裡面有擺神桌或供奉什麼神明嗎？」

趙先生回答：「沒有，我家沒有擺神桌也沒有供奉任何神明。」

我繼續問：「那麼，之前是不是擺放過神桌，只是後來把神桌丟掉了？或者曾經供奉過神明，但把神明退神掉了？」

趙先生回答：「也沒有。」

我再問：「那有神主牌（就是祖先牌位）嗎？」

趙先生回答：「也沒有神主牌。」

我接著問：「那麼，神主牌現在哪裡？」

趙先生回答：「神主牌在我大哥的家中。」

問到這裡，我開始思考：既然家中沒有擺放過神桌、沒有供奉過任何神明，那就不會是這個欠點，所以這些因素可以直接排除。至於祖先牌位，雖然趙先生家中沒有，但趙先生大哥家中有，他們是親兄弟，祖先是同一血脈，會不會是媽祖在暗示我：趙先生家的祖先有欠點，但媽祖知道神主牌在趙先生大哥家，就算是有欠點，趙先生大哥也不一定願意處理，所以，媽祖才給二個聖筊而不給三個聖筊？

於是，我問趙先生說：「趙先生，你大哥那邊的家運如何？」

趙先生回答：「我大哥那邊很好，比我還好。」

聽到這個答案，我繼續思考：那麼，會不會趙家祖先有欠點，但他大哥那邊家運現在很好，如果現在跟他大哥說趙家祖先有欠點，那他大哥一定聽不進去的，所以媽祖才給二個聖筊？不過，不管怎樣，這都只是推理而已，還是要先請示過媽祖，若有給三個聖筊才能算數。

因此，我對趙先生說：「既然你家中沒有擺放過神桌、沒有供奉過任何神明，那就不會是這些欠點，可以直接排除掉，然後，我先問一下這個內方面的欠點是否指趙家祖先有欠點。」說完，我再次修改問法——

「請示媽祖，趙弟子的女兒精神方面出狀況，內、外方面的欠點都有二個聖筊，現在弟子先請示內方面的欠點是什麼。內方面的欠點是不是確實趙家祖先有欠點，但趙家神主牌現在供奉在趙家大房那邊，媽祖是不是擔心如果要處理祖先欠點，大房會不同意，而讓趙弟子左右為難，所以媽祖才給二個聖筊。如果是這樣的話，請給弟子三個聖筊。」結果是「沒有聖筊」。（問題5）

第五個問題既然沒有出現任何聖筊，那就要排除掉趙家祖先有欠點這個因素。

當問陽宅是否有欠點得到兩個聖筊時，先以「出事時間點」交叉判斷是否有不合理之處

內方面常見的欠點還有陽宅，所以接著請示媽祖是不是這個欠點。於是，我請示媽祖——

「請示媽祖，趙弟子的女兒精神方面出狀況，內方面的欠點是跟趙家陽宅有關係，如果跟趙家陽宅有關係的話，請給弟子三個聖筊。」結果是「二個聖筊」。（問題6）

好啦！第六個問題有二個聖筊出現了。現在問題來了，陽宅有問題就是有問題，媽祖直接給三個聖筊不就好了，為什麼只給二個聖筊？擲筊問神難就難在這裡，**我們一定要隨時保持腦袋很清楚的狀態，無時無刻都在思考著：「這二個聖筊的筊數情況，到底是神明在暗示什麼？」**

此時，我立刻問趙先生一個問題：「趙先生，你們現在住的這個房子是租的還是自己的？」

趙先生回：「是自己的房子。」

我再問：「住多久了？」

趙先生回：「快三十年了。」

「快三十年？那不就是妳女兒還沒出生，你們就住在裡面了？」我問趙先生。

「對。」趙先生說。

我心裡感到納悶，若是如此，怎麼會跟陽宅有關，如果陽宅有問題，早該出狀況了，怎麼會等到趙先生的女兒大學三年級才出事。可是，如果跟陽宅沒關係，媽祖又怎麼會給二個聖筊？

愈是這種時候，我愈得讓自己的腦袋保持清楚的狀態，而此時最重要的步驟就是整理一下內方面的欠點問事的過程，再做新的邏輯推論。

▼擲出二個聖筊的因素：⑴內方面的欠點、⑵趙家陽宅。

▼可以排除掉的因素：家中神桌、神明、趙家祖先問題——神桌擺放跟供奉神明是趙先生家完全沒有接觸過的（凡走過必留痕跡，若沒有過，就不用往這方面想），而趙家祖先問題請示過媽祖也沒有得到任何聖筊。

內方面的欠點指的是陽宅這個選項只有二個聖筊——請注意：**二個聖筊而已，並沒有三個聖筊，所以絕對不能直接說是他們家的陽宅風水有問題**。若陽宅問題只有二個聖筊你還跟人家說是他家陽宅有問題，那就是違反神意且胡說八道——問事人員是要背負因果罪的，不可不慎——更深入一點說：**二個聖筊只暗示和陽宅有關係，如果是陽宅本身有問題，那我在問陽宅有欠點時就應該會有三個聖筊**。

既然趙先生的陽宅方面有二個聖筊，可以解釋成內方面的欠點「雖然和趙家陽宅有關係但又不完全是趙家陽宅」。所以，我必須再問一個問題，才能做更清楚、更正確的邏輯推論。

擲筊確認問題是否是自家陽宅出問題，若不是，就要思考是不是跟出事者有關的其他地點

「請示媽祖，趙弟子的女兒精神方面出狀況，內方面的欠點跟趙家陽宅有關係是二個聖筊。弟子想請示媽祖，這二個聖筊是不是確實是在講趙家陽宅裡面有某個部分或某個地方已經出問題，如果確實是在講趙家陽宅裡面有某個部分或某個地方已經出問題的話，請給弟子三個聖筊。」結果是「沒有聖筊」。〔問題7〕

好，第七個問題雖然沒有聖筊，但至少可以得到一個更清楚的方向做邏輯推論，那就是：媽祖講的陽宅有欠點二個聖筊，跟趙先生他們現在住的這間陽宅沒有關係，但是還不知道跟哪裡的陽宅有關係。

既然第七個問題沒有聖筊，接著就要再問第八個問題，如果第八個問題出現三個聖筊，那就直接代表第七個問題沒有聖筊是準確的，也符合邏輯。我再次修改問法——

「請示媽祖，趙弟子的女兒精神方面出狀況，內方面的欠點跟趙家現在住的陽宅沒有關係，媽祖給的二個聖筊指的是趙家陽宅以外的地方有問題，如果是這樣的話，請給弟子三個聖筊。」結果是「三個聖筊」。〔問題8〕

果然不出我所料！第八個問題出現三個聖筊，得到了這個聖筊數後，就可以很清楚地針對現有情況做更準確的邏輯推論了。

(1)趙先生的女兒精神方面出狀況，內方面的欠點是跟「趙家現在住的陽宅」沒有關係，這證實第七個問題沒有出現聖筊是正確的，因為第七、第八這二個問題，只有一個是正確答案。

(2)內方面的欠點是趙家現在住的陽宅以外的地方有問題。

(3)這裡有個重點，趙先生是為女兒的精神狀況出問題而來請示媽祖的，故可推論「趙家現在住的陽宅以外的地方」肯定跟他女兒有直接關係，才會影響到她的精神狀況。反過來說，這個「趙家現在住的陽宅以外的地方」跟他女兒若沒直接關係，又怎麼會影響到她的精神狀況？

(4)現在要思考：哪裡是「趙家現在住的陽宅以外的地方」且這個地方跟趙先生女兒有直接關係。

這個案件問到這裡，大家有聯想到哪裡是趙家陽宅以外的地方，而且這個地方跟趙先生的女兒有直接關係嗎？別急，讓我先把剛剛的問事過程做整理，讓大家的腦袋清楚一些。

內方面的欠點——本階段問事過程整理

內方面的欠點：二個聖筊。

←

▼可排除掉的因素：家中神桌、神明、趙家祖先。

▼有二個聖筊的因素：趙家陽宅。

▼詢問當事人陽宅問題：根據當事人入住時間判斷是否現在住的陽宅有問題↓入住近三十年，女兒出生前就住在裡面了↓疑點：怎麼可能一直到現在女兒才出狀況？
▼可排除掉的因素：「趙家陽宅裡面有某個部分或某個地方已經出問題」沒有得到聖筊，表示不是現在住的地方出問題。

⬅

▼三個聖筊：趙家陽宅以外的地方且跟他女兒有直接關係的地方出問題。

⬅

現階段可以排除掉的有神桌、神明、趙家祖先，而且，雖然陽宅問題二個聖筊，但「趙家陽宅裡面有某個部分或某個地方已經出問題」沒有任何聖筊，唯一一個出現三個聖筊的就是「趙家陽宅以外的地方且跟他女兒有直接關係」。

所以，現在要去思考的就是，哪裡才是趙家陽宅以外且跟趙先生的女兒有直接關係的地方，此時，包含女兒去過、待過、做過、甚至跌倒過的地方，通通都是重要線索。

然而，思考歸思考，推論歸推論，宗天邏輯推論法門裡有一個非常重要的觀念要注意：接下來要問趙姓夫妻的眾多問題一定要有合理性且合乎邏輯性——**釐清與「案件發生的時機點（這裡指女兒精神出狀況）的前後關係」**。

這是什麼意思呢？也就是說，我會問的問題，都是——趙先生女兒精神方面出狀況「前」有去過什麼地方或做過什麼事後才出現狀況的，這才會是主因！

當時，我問了許多有關趙先生女兒的一些問題，但是他都不是很清楚——這很正常，我處理過許多類似案件，現在大多數年輕人做什麼事都不太想讓父母親知道。比較難辨的也就在這裡——連父母親都不知道什麼地方跟他女兒有直接關係，我這個外人又怎麼會知道？不過，我首先要問的問題，其實從常理來思考，還是可以提出一些來問的，比方說，我至少也離家在外面讀過書，所以，除了自己的家（趙家現在住的房子）以外，跟自己有直接關係的，最可能的選項自然就是宿舍或租的房子，而前面趙先生在述說女兒出事的經過時，就提過她跟朋友在外面租房子。

於是，我針對剛剛有三個聖筊的第八個問題，繼續修改問題請示媽祖——

「請示媽祖，趙弟子的女兒精神方面出狀況，媽祖指示內方面的欠點是趙家陽宅以外的地方且這個地方跟信女有直接關係，那這個地方指的是不是信女在外面租的房子這裡有問題，如果是這樣的話，請給弟子三個聖筊。」結果是「三個聖筊」。〔問題9〕

果然，答案出來了！媽祖查到的地方就是指趙先生的女兒在外面租的房子，這個答案也符合剛剛媽祖的指示：「趙家陽宅以外的地方且這個地方跟信女有直接關係。」

利用擲筊問出外方面欠點

雖然答案已經出來了，但是為求合理性跟合邏輯性，我還是得問趙先生一個問題：「趙先生，你剛說你女兒跟同學在外面租房子住，那麼她們在這個地方住多久了呢？」

趙先生回答：「從大一新生開始住到現在。」

以「出事時間點」詢問出事前後是否有發生過特別的事，來初步列出欠點選項

我的腦袋開始思考，並且再問趙先生：「那不就也快三年了，既然已經住快三年了，為什麼現在才出問題？但媽祖的確指示這個地方有問題，那接著就要推論：半年前，你女兒在租屋那邊有發生過什麼事——我記得你說你女兒是半年前精神才開始出狀況，對嗎？」

趙先生回答：「對。」

我繼續問：「那麼，你有印象半年前你女兒在租屋那邊有發生過或做過什麼事嗎？」

趙先生看了一下太太後回答：「印象中，我女兒好像跟我說過，她有拿什麼佛像要放在租屋那邊，說是自己之前壓力大，睡不太好，想去拿回來放，看能不能好睡一點。」

喔喔，一聽到「佛像」這二個字，我的直覺告訴我，線索快要出現了，但還是那句話，擲筊問事最大的好處同時也是規矩，就是要以神明指示的答案為主，並不是問事人員說了算。所以，我再深入問趙先生：「在還沒有講到要拿什麼佛像前的那段期間，你女兒的精神狀況如何？」

趙先生回答說：「很正常，也很活潑，沒什麼問題。」

此時，我心裡想：那麼，問題八九不離十，應該就是出在這裡了。

我又問：「那麼，你是否確定你女兒有拿回什麼佛像之類的回來擺在房間裡面？」

趙先生想了想說：「這個我就不確定了，她後來是否有拿回來，並沒有跟我說，只跟我提到說她想去請一個佛像回來幫助睡眠而已。」

我告訴趙先生：「好，沒關係，我覺得你女兒的問題已經快要找到了。我們剛剛已經找到內方面的欠點，就是你女兒租的那個房間裡面有問題。現在，我要開始找外方面的欠點了，因為剛剛媽祖指示內、外方面都有欠點，所以不能只顧著找內方面的欠點，而忘記還有一個外方面的欠點等著我們去找出來。」

於是，我再次請示媽祖——

「請示媽祖，趙弟子的女兒精神方面出狀況，內方面的部分已經找到，是趙弟子的女兒租的房間裡面有問題，那麼，現在弟子要請示外方面的欠點是什麼了，如果外方面的欠點是外方的話，請給弟子三個聖筊。」結果是「沒有聖筊」。〔問題10〕

接著，我們繼續從外方面的欠點找選項一一請示媽祖——

「請示媽祖，如果影響到趙弟子的女兒精神方面出狀況的外方面欠點是孤魂的話，請給弟子三個聖筊。」結果立刻出現「三個聖筊」。〔問題11〕

找到欠點後，要再詢問是否有其他欠點

雖然三個聖筊出現了，但此時問事人員一定要注意：務必再請示媽祖，除了孤魂這個欠點外還有沒有其他欠點。這點很重要，是為了**確保我們沒有漏掉任何欠點**。於是，我再次請示媽祖——

「請示媽祖，趙弟子的女兒精神方面出狀況，外方面的欠點是孤魂，那麼除了孤魂以外，還有沒有其他欠點，如果媽祖還有查到其他欠點的話，請給弟子三個聖筊。」結果是「沒有聖筊」。

〔問題12〕

於是，我告訴趙先生：「你女兒的精神狀況出問題，媽祖指示主要的外方面欠點是遇到孤魂，不過這還沒有完整，我要釐清的是，知道原因是孤魂了，但是這個孤魂跟你女兒租的房間的關聯性又是什麼呢？首先我想到的是，孤魂必須要有一個東西讓它能夠依附，這樣它才會長久不想離開。目前，我至少知道你女兒的身體已經被這個孤魂干擾了，所以才會講一些奇怪的話、出現一些奇怪的行為。」

我繼續告訴趙先生：「你女兒有比較好或走得比較近的同學或朋友嗎？她們知不知道你女兒的房間是不是確實有放什麼佛像，現在若能打電話去向她們確定一下會比較好，因為這關係到我接下來要問的一個問題。」

此時，趙太太說她認識一位跟她女兒很要好的同學，當下便打去問那位同學。講完電話，趙太太對我說：「王老師，我整個人起雞皮疙瘩，那位同學說我女兒確實有去拿一張佛像照片回來擺在書桌，現在還擺在上面，因為是這位同學陪我女兒去拿的，所以她知道。」

內、外方面的欠點要能夠整合得起來，才算真相大白

「好，現在已經確定有佛像照片了，但我仍然必須請示媽祖，才比較謹慎保險。」我對趙太太說。於是，我再次請示媽祖一個重要問題——

「請示媽祖，趙弟子的女兒精神方面出狀況，外方面的欠點已經找到，是孤魂，而且除了孤魂以外並沒有其他外方面的欠點。而媽祖剛剛指示信女租的房間有問題（陽宅），而趙弟子夫妻剛剛又確定她女兒的桌上現在還擺放一張佛像照片，是不是因為這個孤魂現在已經在佛像裡面了，才開

始導致精神狀況出問題？如果整個來龍去脈是這樣的話，請給弟子三個聖筊。」結果真的立刻「叩叩」出現「三個聖筊」。〔問題13〕

看到三個聖筊出現後，我對趙先生說：「對嘛，這樣才對，這樣才有合乎整個問事過程的邏輯性。既然內、外方面都有欠點，而外方面的孤魂已經找到，至於內方面的欠點，媽祖有指示是趙家現在住的陽宅以外的地方且這個地方跟信女有直接關係，那就代表房間裡面一定有放了什麼跟孤魂有關係的東西，不然媽祖不會這樣指示。現在這個結果，可以把內、外方面欠點的整個來龍去脈兜起來，也證實剛剛媽祖的聖筊是準確無誤的。」再深入一點解釋就是：「這個內方面的欠點指的不是陽宅，指的是有某個東西『在哪裡的裡面』，這也是媽祖在暗示我要從『內』這個字去做聯想推論，思考是是哪裡的『內』。」

有能力找出問題，就要有能力幫當事人解決

我告訴趙先生：「現在整個真相大白了，你女兒精神狀況的問題主因也找到，接下來的重要步驟，就是要請示媽祖如何處理了。」

解決方法一定要請示過神明

這裡有一個重點：當造成當事人出問題的主因找到了而要找解決方法，這方法也一定要請示過神明——讓神明指示我們如何處理，才是萬無一失的，千萬不要自作主張，以為自己很厲害就隨便

亂處理，處理外陰的事時，這點更加重要。大家絕對要抱持著這個謙卑的觀念——人畢竟是人，人沒有多厲害，是神明在厲害，若不是神明在背後護佑、支持著我們，人無法厲害到什麼程度。我從來沒有看過一個人背後沒有神明的護佑與支持，還可以很厲害地處理「陰」的部分——我絕對不相信這種論述。

因此，我奉勸問事人員或神職人員要謙卑，這樣濟世之路才可以走得久、走得遠，並且可以相安無事。

上天有好生之德，除惡「勿」盡

不管處理外方或孤魂，我已經在《解夢經典》提到過，閉關時媽祖曾經告訴過我，不管是處理人或外陰這類靈魂、靈體，都要相信他（它）可能會幡然悔悟，所以一開始都一定要留一條路給對方走，除非對方堅持不接受，那也有不接受的處理方法。

若神明要與孤魂談判，一定有協調時間

於是，我開始請示媽祖要如何處裡孤魂的問題——

「請示媽祖，趙弟子的女兒精神方面出狀況的主要問題已經找到了，請媽祖慈悲指示要怎麼處理才能讓信女早點恢復正常。⑴請媽祖派一張護身符讓信女隨身帶著，護佑著信女，以防信女再被孤魂干擾。⑵一個月後再把那張放在桌子上的佛像請到宗天宮，而這一個月期間，請媽祖跟這個孤魂協調談判。先讓趙弟子的女兒精神好轉，如果有好轉，一個月後請趙弟子帶女兒親自來宗天宮一

趙，請示媽祖跟這個孤魂協調及談判的結果，以及後續要如何處理。如果這樣處理可以的話，請給弟子三個聖筊。」結果出現「三個聖筊」。〔問題14〕

「請示媽祖，處理方式除了這樣，還有其他的指示嗎？如果有的話，請給弟子三個聖筊。」結果是「沒有聖筊」。

擲出三個聖筊，代表這就是媽祖指示的處理方式，所以一定要遵照媽祖的處理方式，不可自己擅自作主。

此時，我跟趙先生說：「這一個護身符你拿回去，帶在你女兒身上，一個月都要帶著。此外，在這一個月期間，別讓你女兒再進入租屋的那個房間。

從出事者在談判時間內是否改善，可判斷是否協調成功

這一個月期間，媽祖要出面跟孤魂協調談判，如果有談成功，這一個月內你女兒的精神會慢慢恢復正常，如果是這樣，一個月後一定要再來——媽祖既然指示一個月期間，就表示媽祖早已跟孤魂談好時間了，跟外方和孤魂等談好時間，最好要守信用，否則事情會變得很麻煩。

另一方面，如果這一個月你女兒的情況變得更糟了，那你務必要趕緊帶她來，這表示談判有出現問題。不過，我相信不會有這種問題發生的。」

趙先生回答：「好，真的很感謝王老師的幫忙。」

我笑笑回答：「不用客氣。」

趙姓夫妻拿了護身符回去後的一個月期間，重點就是要注意女兒精神狀況有沒有改善，如果有

改善，代表媽祖有跟孤魂協調成功，反之就是沒有，那就還要再趕快來問協調之所以出狀況的原因在哪裡。

一個月到了，趙姓夫妻依約再度來到宗天宮，他們倆旁邊還跟著一個很清秀的女生，想必就是精神出狀況的當事人。我心裡原本還暗想著，不知道趙先生的女兒這一個月以來有沒有好轉，但一碰到他們我就明白了，答案完全寫在趙姓夫妻的臉上，他們笑容滿面，與第一次來宮裡時的黯淡無光、身心俱疲，簡直是判若二人啊！

不過，我還是問趙先生：「怎麼樣？這一個月你女兒的精神狀況如何呢？」

他笑著點點頭說：「這一個月完全沒有發作，精神也比之前還要好，甚至還吵著要去跟團演出呢！不過，我怕事情還沒處理完不適合，就不敢讓她出門。」

聽到這樣的回答，我轉而看向趙先生的女兒，問她說：「妳還好嗎？」

她拉著趙太太的手，靦腆地點點頭微笑說：「還好。」

老實說，觀察其氣色及聲音，一點都看不出這是一名曾經有過精神狀況的女生。看到這樣明顯的改善，我內心也很替她開心，畢竟這樣一個優秀又懂事的年輕人，如果讓她繼續惡化下去，實在不敢想像她的人生會變得怎樣！

「好，既然你女兒的精神狀況都已經正常，這一個月也沒再發作了，那我們就要依照一個月前媽祖所指示的，來詢問怎麼處理。」跟趙先生說完後，我開始請示媽祖——

「請示媽祖，趙弟子的女兒精神方面出狀況，在這一個月都沒有再發作，整個精氣神也都改善了很多，所以今天遵照上次媽祖的指示，要來請示媽祖跟孤魂談得如何，以及後續要如何處理。弟子請示媽祖，既然信女已經恢復正常，是不是媽祖已經跟孤魂協調好，要指示如何處理了，如果是的話，請給弟子三個聖筊。」結果是「三個聖筊」。〔問題1〕

這三個聖筊正表示媽祖已經跟孤魂協調好。其實，對有經驗的人來說，這個問題並不用再多問一次，**看到趙先生的女兒已經恢復正常，就代表媽祖已經談成功了**。不過，我當時還是覺得再問一下比較心安。接著，就來請示處理的方式。

「請示媽祖，既然媽祖要指示怎麼處理，媽祖曾經教過我，要留一條路給孤魂走，否則難保這個孤魂離開後不會又去干擾其他人。那麼，是不是媽祖慈悲要收留這個孤魂成為宗天宮的兵馬，走正道，輔佐宗天宮神明濟世救人。是不是要這樣處理，如果是的話，請給弟子三個聖筊。」結果再度出現「三個聖筊」。〔問題2〕

當事情處理方式都確認後，別忘了問神明是否還有其他指示

「請示媽祖，處理方式除了這樣，還有其他指示嗎？如果有的話，請給弟子三個聖筊。」結果是「沒有聖筊」。〔問題3〕

既然沒有其他指示，接下來，就按照媽祖教的方式做收兵馬儀式，以及處理那張佛像的後續動作。結束後，我對趙先生說：「恭喜你，媽祖慈悲，幫你女兒協談成功，現在整個案件已經正式圓滿了。」然後，我也跟趙先生的女兒說：「以後**盡量不要隨便拿來歷不明的佛像回來拜**了，這一次的經驗要記住喔！好，你可以再去跟團演出了，記住，不要再去搶主持人的麥克風啦！」

趙先生的女兒笑著回說：「唉呦，我又不是故意的！」

大家當下笑成一團。最後，趙先生全家上香誠心感謝媽祖。

離開前，趙先生握著我的手說：「王老師，我們全家真的都非常感謝你，沒有宗天宮媽祖幫忙及王老師的問事，不知道我們一家子會變成怎樣！謝謝你！」

「趙先生，你不用客氣，要謝就謝媽祖，不用謝我，我沒做什麼事。要說跟孤魂談判協調，我沒有那個能力，更沒有資格讓孤魂成為我的兵馬。所以，你最要感謝的，應該是媽祖眾神才對，不是嗎？」我回答趙先生。

趙先生笑了一笑，又跟我握了握手，才轉身離開宗天宮了。

看到他們一家人開心離去的背景，我也不禁高興了起來。沒想到，此時趙先生忽然回了頭，開口說：「王老師，你要開班授課的時候，要幫我保留一個位置啊！拜託你！」

我笑笑的對他點點頭。同時，我心裡面也真實的在說：「真的希望這套問事技巧和宗天法門能留傳給後世，讓更多人得以自度而後度人，這才是真正宗教濟世救人的精神，也是宗天宮建廟的最大宗旨。」

真的，若能讓這個世界困苦的人一天比一天少，這本書就有它的價值了！

從這個案例我學到什麼：處理複雜案件要懂得過濾問題

比起問姻緣時機或起運時機，這個案件實在是複雜許多，因為在問問題時，要先在一個毫無目標且漫無邊際的範圍內，運用自己的邏輯思考推論能力、系統思考整合能力，慢慢的抽絲剝繭來過濾問題——鎖定幾個有可能的問題之後，才能請示神明哪一個問題才是造成當事人精神異常的根本問題。

這樣說好像很簡單，但實際上真要親自下去問神明時，還是有難度的。不過，如果有心想成為一位頂尖的問事人員，就得有克服萬難的意志，強化自己的邏輯思考能力，訓練自己的思考方式能跳脫固有的舊思維，這樣才不會在問神明問題時詞窮、甚至江郎才盡，問來問去就只會問那幾個問題，遇到其他狀況就不知道怎麼問——若是如此，就代表你懂得不夠多、不夠透徹，而導致別人說什麼就照做，大家互相抄來抄去，最後抄的都是那幾項。宗教問事再這樣一直下去，將永遠無法進步，後人也無法學到什麼。

因此，問事人員務必抱持著這樣的心態：問事不可能只遇到簡單的案件，一定會遇到複雜的案件，想要有能力處理複雜的案件，就要進化自己的問事能力；想要進化問事能力，唯有讓自己的邏輯思考能力再提升，擺脫舊思維的框架，**把科學的思考與推論方式應用在宗教問事上**——這才是晉升頂尖問事人員的不二法門，這也是四大宗天法門之一的邏輯推論法門的精髓所在。

這個案件最困難的地方，就是最初幾乎沒有任何資訊與線索來幫助我們找出問題去請示神明，當事人也不知道——若他們知道問題所在，就不需要找我（問事人員）去協助解決他女兒的問題。問事人員真的要自立自強，運用強大的專業知識來幫當事人排除萬難及解決問題——因為來問神的人，已經把所有希望都寄託在問事人員身上了！

根據趙先生的描述，我唯一知道的資訊是：他女兒精神狀況本來很正常，半年前才開始異常，之後更開始出現一連串判若二人且無法解釋的行為。此時，問事人員一定要有一些正確的觀念：

關鍵1〉為什麼一開始就問有沒有欠點影響？

既然這個異常行為不是很久以前就存在，而是在半年前才開始，就要懂得去思考：他女兒的精神異常應該不是一種真病，而是一種假病——欠點造成的。既然可能是欠點造成，那就要開始尋找欠點在哪裡，所以我才會問是不是欠點造成趙先生女兒的精神異常。

話說回來，我遇過太多這類的案件，有時候我甚至不會再問一次神明有沒有欠點，因為這個狀況很明顯地告訴我就是有欠點，不然怎麼以前不會出現這種奇怪的行為模式，近半年才出現這種行為模式。所以，我通常會直接問神明是什麼欠點——總之，問事人員要視當事人的狀況，正確判斷需不需要再問一次神明有沒有欠點。

關鍵2〉問有欠點影響得到兩個聖筊背後的神意很不簡單

我問媽祖趙先生是否是欠點造成的時候，只有得到二個聖筊。注意，問身體狀況是否有欠點影響，而神明給你二聖筊，就一定要留意裡面有很大的玄機在！

這二個聖筊的其中一個解釋（聽好！只是其中一個解釋，其實有很多種解釋，欠點的更多細節，以後會在教授「扭轉乾坤法門」的書裡詳談），就是神明可能在講——是有問題沒錯，但不能往無形欠點的方向去問，所以才給二個聖筊來暗示問事人員。反過來思考，請大家仔細想想，如果當事人的狀況是無形欠點造成的，乾脆給三個聖筊不就得了，為什麼只給二個聖筊？

其實，就是因為媽祖只賜二個聖筊，讓問事人員無法百分之百知道祂的真正意思，問事人員才會開始有敏感度去思考，如何排除掉「不是媽祖要表達的因素」，而一一排除到最後，留下來的因素就是「媽祖要表達的意思」，這樣就會有三個聖筊了——也就是說，如果媽祖一開始就給三個聖筊，我可能會直接問是什麼欠點，假使問到孤魂得到三個聖筊，我就會朝孤魂如何去處理這個方向繼續問，但是就本章這個案例來說，神明將很難去協調或處理，因為出事的地點（陽宅——女兒租屋處）和遇到孤魂的原因（佛像照片）都是我不知道的；我不知道，就很難問出一個圓滿的解決方式，而只能找個大方向去處理，就算媽祖給我三個聖筊答應要協調了，也很難成功，而等到協調不成功再來問是不是有什麼問題，那時間就拖得更長了，所以媽祖才會一開始就給我二個聖筊，為的就是要我去確認更多的細節。除此之外，這個案件的原因是趙先生的女兒把住有孤魂的佛像照片請回租屋處放，如果只處理了孤魂，這次解決了，難保不會再有另一個孤魂進去——畢竟佛像片裡有孤魂就代表裡面的神明已經不在了，不是嗎？

我再進一步說明讓大家更清楚一點：

▼**是無形欠點得到三個聖筊**：通常是很明確、因素較單純的事件或狀況，只要針對問題對症下藥，通常就能解決。

▼**是無形欠點，但只得到二個聖筊**：大多屬於較複雜、需要抽絲剝繭的事件，問事人員必須更多方思考事件的「關鍵性細節」——也就是說，神明給二個聖筊的主要用意是：提醒問事人員這事情很複雜，如果沒有問出「關鍵性細節」，即使對症下藥了，也不容易全好，或者要一段時間才會好，甚至是很難解決，因為並沒有根治。我就曾經處理過一個案件，已經過了一個月神明還無法跟孤魂協調好，最後才知道孤魂躲在家中的神尊裡，不願意跟神明協調。所以，又回到剛剛最原

始的問題，假設在神尊裡面的孤魂神明處理好，但神尊不連帶處理的話，很難保一段時間後這個神尊不被另一個孤魂跑進去——問事，還是非得要根治才能夠長治久安啊！打個比方來說，這個道理就好像A小孩功課不好，如果擲筊問出原因是「讀書不用功」有三個聖筊，那麼就想辦法讓孩子待在能用功的讀書環境（例如送去補習班、請家教），這樣就可以改善功課不好這個問題。然而，如果B小孩功課不好，而擲筊問出原因是「讀書不用功」只有二個聖筊，那就可能還有其他因素使得這位孩子不用功，例如交到壞朋友使他容易分心，在這種情況下，如果不同時解決這兩個問題，就算去補習班、請家教，也不容易解決孩子功課不好的問題。

神明看到了事情的全貌，也知道怎麼處理比較圓滿和順暢，所以才會利用二個聖筊和三個聖筊的微妙差別，讓問事人員能夠在聖筊的筊數變化中產生敏感度，開始思考找出所有相關問題點，整合出問題的全貌，進而圓滿的處理案件。邏輯推論與評估（Logical Inference and Assessment），簡單來說其實就是這麼一回事。

關鍵3〉問身體有欠點影響得到兩個聖筊後，第一先確認是不是真病問題

問身體有欠點影響只得到二個聖筊，接下來，要先確認趙先生的女兒精神異常是否純粹是精神問題——也就是沒有無形欠點的影響（真病）。我問媽祖後沒有得到任何聖筊，那就要排除「趙先生的女兒精神狀況是真病」這個因素，同時更確定我原本「既然這個異常行為不是很久以前就存在，而是在半年前才開始，就要思考這樣的精神異常不是一種真病，而是一種假病，也就是欠點所

造成」的假設是正確的。既然這個假設的方向正確，那就是「趙先生的女兒精神狀況是有欠點沒錯，但不知道是什麼欠點」。

相反的，如果我問趙先生的女兒純粹是精神方面出問題而得到三個聖筊，那麼就要解釋這是真病。但是，我剛才問是不是有欠點時不是已經得到二個聖筊了？怎麼又是真病呢？這裡我們應該整合來看，這其實代表媽祖要我再具體深入問出是什麼原因造成趙先生女兒的精神出狀況，而這個原因只能朝人為因素去問，不能朝無形的方向去問，而所謂人為因素指的就是生活的壓力、言語上的刺激、朋友、同學上的欺凌或霸凌、感情上的因素影響……等等。

現在我們來反思一下，假設問是不是有欠點時得到二個聖筊，而最後問出來的答案是趙先生的女兒是遭受到朋友言語上的刺激或霸凌。試想，如果沒有確切告訴趙先生她女兒精神狀況異常的真實原因是這個人為因素造成的，他接下來就不會知道要在這方面做任何的避免或補救措施，如找學校導師談、瞭解交友狀態等，或許看醫師好了一段時間之後，又會再次受到人為刺激，難保精神方面不會再出狀況。

總而言之，如果是真病，那就要尋找醫學上的治療，而要問神的方向就是請示神明貴人醫院在哪裡。當然，如果有需要，也要一併處理背後影響真病產生的人為因素。

關鍵4〉確定有無形欠點但神明只給二個聖筊，就分內、外兩方面欠點去問

既然確定有欠點，那就要分出這個欠點是內方面的欠點或外方面的欠點，而這個案件的最複雜之處，就在於內、外方面的欠點都有二個聖筊。遇到這種情況，除了要用邏輯推論來抽絲剝繭找問

題，最需要的就是耐心，並隨時保持清晰且冷靜的頭腦。既然內、外方面的欠點都有二個聖筊，下一個非常重要的環節，就是應用時機辨識法及「合理的問題篩選法」來尋找欠點。

時機辨識法的另一個功用：找欠點

時機辨識法不只是用來問時機點，還可以用來辨識事件的發生點是否問吻合當事人的狀況。這個觀念的重點就是，既然是欠點造成精神出狀況，而事出必有因，所以一定是在某個時間點去過什麼地方或做過什麼事「之後」才開始精神出狀況，這個時間點在半年前左右，也就是趙先生的女兒精神狀況還很正常時——具體來說，就是：「半年前趙先生的女兒還正常的時候去過什麼地方或做過什麼事『之後』才開始精神出狀況。」

此時我們所思考的方向，應該要放在半年以前去過什麼地方或做過什麼事，而非精神出狀況後去過什麼地方或做過什麼事。這是找欠點的第一個步驟，也是最重要的一個時間邏輯推論步驟，這個步驟錯了，將會造成後續一連串的邏輯錯誤，就算擲出三個聖筊，也有很大的機率是錯誤答案。這個概念就好比你肚子痛去看醫生，醫生會問你肚子痛之前吃過什麼東西，而不會問你肚子痛後吃過什麼東西——你肚子痛後再吃到不乾淨的東西的確會讓肚子更痛，但卻不是肚子痛的主因。

系統思考技巧4 用「合理的問題篩選法」找欠點

那麼，什麼叫「合理的問題篩選法」呢？首先，因為內方面的欠點只有二個聖筊，而我知道常見的內方面欠點有哪些，那就要把每個選項都一一請示過媽祖，一一排除掉不是的因素，最後只留下陽宅這個因素（二個聖筊），後來也排除「趙先生他們現在住的陽宅出問題」這個因素。在我描述案例的過程中，內方面的欠點我首先想到神桌或神明等因素，但要正式問媽祖之前，我先求證趙先生家中是否有擺放過，而我得到的答案是完全沒有擺放過。這裡就是一個重點，請大家跟著一起想想，趙先生家中過去完全沒有擺放過神桌也沒供奉過神明，如果問出是這個欠點，這樣的答案根本不合理也不合邏輯。所以，當趙先生跟我說他家中過去完全沒有擺放過神桌也沒供奉過神明時，我就不會再多此一舉去請示媽祖，因為我很確定不是這個因素——因此，連問都沒有必要問，我不會花時間去想這一方面的事。

最後，我根據媽祖給我內、外方面欠點都有二個聖筊的這個暗示繼續抽絲剝繭，終於找到主要的欠點所在，而找到的欠點不只有符合內、外都有二個聖筊的含意，也有符合時機辨識法及合理的問題篩選法——這個欠點的確是趙先生女兒在半年前精神狀況正常之前做過的事。所幸，找到欠點之後，媽祖出面協調談判，最後趙先生的女兒也開始恢復正常了。

問有沒有欠點出現了不同的聖筊數，該如何解釋？

欠點影響一個人的層面很多，所以如果有欠點，就一定要問出是什麼欠點並加以解決，這樣對所問之事的發展，才會比較有利。所以，問欠點時的解筊一定要注意。

▼一個聖筊或沒有聖筊：代表所問之事跟欠點沒有關係，可排除欠點這個因素。

▼二個聖筊：確定有欠點，但是要注意：⑴有可能不是無形欠點，所以要進一步確認到底是無形欠點或人為因素（注意，這只是其中一種解釋，更多解釋以後會還會有書教大家）；⑵如果確定是無形欠點，神明給二個聖筊所代表的意義就是方向正確，但有關鍵的細節及隱情要交代，若不把當中的細節及隱情一一抽絲剝繭找到並整合起來，問題會較難解決得很圓滿，甚至很難去解決——會要分內、外方面的欠點去問，一般都是用在這種情況。

▼三個聖筊：確定有欠點，如果沒有問出來解決掉，會影響所問之事接下來的發展，所以一定要問出是什麼欠點——通常問欠點得到三個聖筊的，欠點問題的狀況就比較沒有不為人知的隱情，只要針對問題對症下藥，狀況會很快圓滿的解決。

在整個問事過程中，我花了將近四十幾分鐘，一一把問題找到，然後再問出解決方法。雖然是花了一些時間，但幾乎都用在大量的思考上。要成為一位頂尖的問事人員，這種複雜案件的經驗累積是必需的。我相信，只要經過一次次這種經驗的洗禮，你的所思、所想一定會跟一般傳統的問事思維大大不同。問事要講求科學化，問事人員一定要不斷進化問事功力，學無止境，切勿停留在舊有的程度和階段。希望宗天邏輯推論法門能帶領有心濟世救人的問事人員提升問事功力，讓這個社會裡困苦的人一日比一日少。

精神、行為異常事件問法流程圖

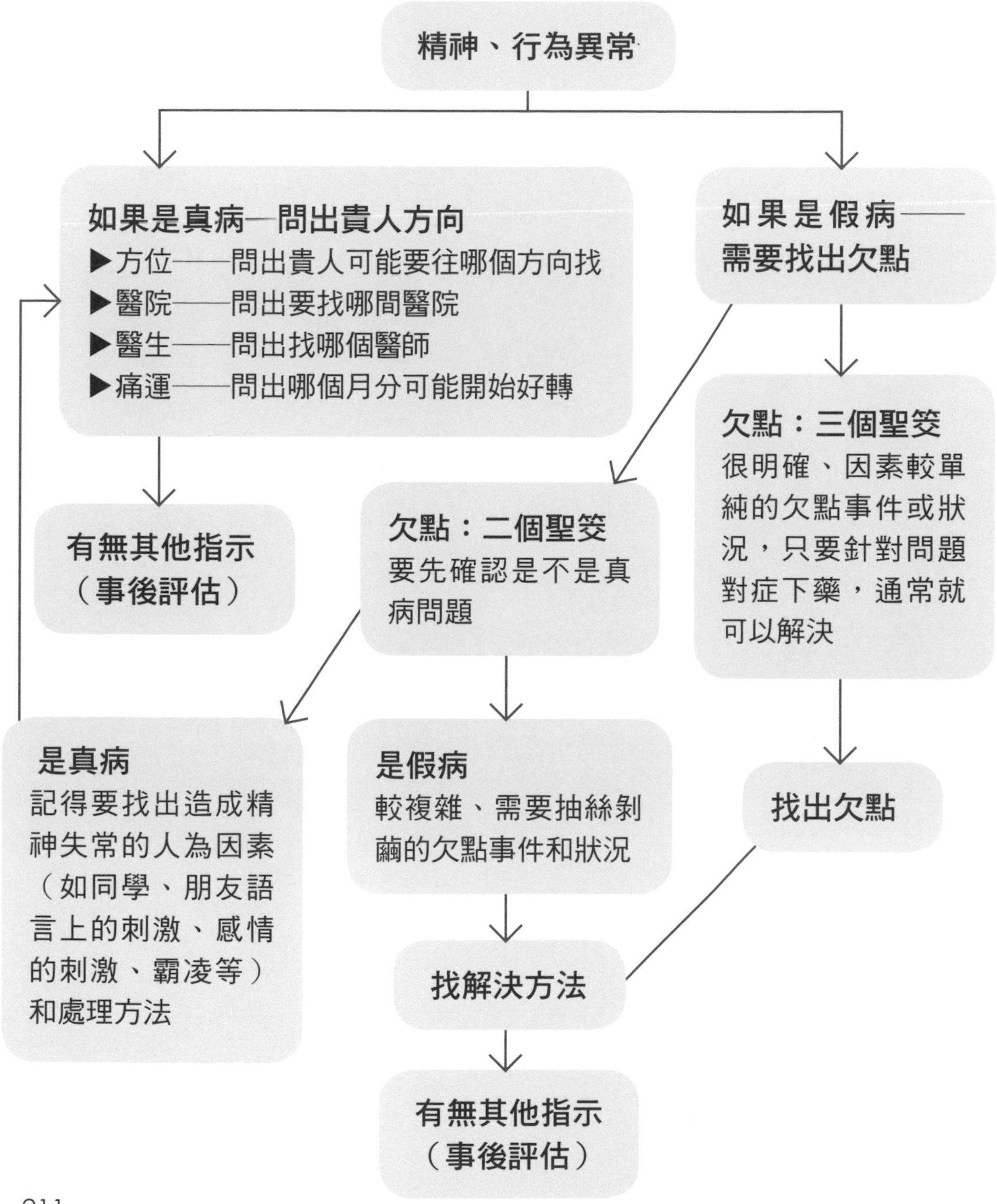
精神、行為異常
如果是真病—問出貴人方向
▶方位——問出貴人可能要往哪個方向找
▶醫院——問出要找哪間醫院
▶醫生——問出找哪個醫師
▶痛運——問出哪個月分可能開始好轉
如果是假病——需要找出欠點
有無其他指示（事後評估）
欠點：二個聖筊
要先確認是不是真病問題
欠點：三個聖筊
很明確、因素較單純的欠點事件或狀況，只要針對問題對症下藥，通常就可以解決
是真病
記得要找出造成精神失常的人為因素（如同學、朋友語言上的刺激、感情的刺激、霸凌等）和處理方法
是假病
較複雜、需要抽絲剝繭的欠點事件和狀況
找出欠點
找解決方法
有無其他指示（事後評估）

Part 3

擲筊問事不是
得出三個聖筊就好

案例 5 錯誤三個聖筊問法篇：老師，我媽媽托夢說要換塔位

神啊！為什麼得到三個聖筊卻是錯的？

問事好不容易擲出三個聖筊了，大家一定都會很開心。在這裡，我不是要潑大家冷水，但是真的不能高興得太早！擲出了三個聖筊後，你一定要再次思考這三個聖筊有沒有合理性和邏輯性，好好去理解這三個聖筊的意思，才不會做出錯誤的判斷。

案件五．錯誤三個聖筊問法篇 1》老師，我媽媽托夢說要換塔位

這一天，黃先生來到宗天宮問事，他告訴我說：「王老師，今天有一件事想請老師幫忙。我媽媽已經往生，是火化進塔的，我這陣子幾乎每隔幾天就會夢到我媽媽。本來我想，自己很小時爸爸就往生了，這幾十年來我跟媽媽二人相依為命走過來，可能是因為太思念媽媽了，所以才會常常夢到她。然而，這樣夢到媽媽的日子過了一段時間後，我愈想愈不對，也開始在意起來，想說：夢得那麼頻繁，是不是媽媽有事要交代。由於深怕遺漏夢境，所以只要一起床，我都會馬上把夢境記起來，最近做的一個夢就在前天，這是我記下來的夢境，請老師看一下。」

當事人夢到媽媽陰厝不住卻從供奉地藏王的桌下哭著爬出來

黃先生來宗天宮的前天晚上夢境記錄

我帶著水果去放骨灰罈的納骨塔，要去祭拜媽媽。有很多人跟我一起走進去，要祭拜各自的親人，可是，當所有人都找到親人的塔位並開始祭拜時，唯獨我一直沒有找到媽媽的塔位。正當我焦急著尋找媽媽塔位時，忽然看到媽媽從那一樓層正中央供奉地藏王菩薩的桌子下面爬出來，全身髒兮兮的，還哭得滿臉都是淚水。

看到媽媽這樣子，我也跟著哭了出來，我邊掉淚邊問：「媽，你怎麼沒有住在家裡面？怎麼還從桌子下爬出來？」

媽媽無法說話，只是一直哭、一直搖頭。突然間，她猛地拉住我的手，走到一間房子前面。我定睛一看，房子外的門牌上寫著「顯妣黃媽○○○之陰厝」。

我慌亂又震驚地問：「媽，這是你的房子嗎？房子怎麼會變成這樣？」

這間房子就像一間危樓，懸空的建在一個鬆動的大土堆上，人只要從房門走出來，馬上就會跌入大土堆。整個房子搖搖晃晃的，隨時都會有倒塌的危險，大門則被人用二根大木板交叉式的用釘子釘死，根本無法進去。我心想，就算有人住在這間房子裡，也根本沒有辦法進出啊！就算真的走得出房子，也會馬上跌入大土堆。

就在此時，我發現到，正對著媽媽房子大門口正前方的地上，有一個很大、很深的洞，那個洞的邊緣，豎立著一個墓碑，墓碑上的字正對著房子的大門，墓碑上只見「黃氏子孫　之喪坑」，並沒有看到名字。

接著，我走到房子後面，一樣有一個很大、很深的洞，洞的邊緣同樣立了一個墓碑正對著房子的後門，墓碑上也沒有名字，只寫著「黃氏子孫　之喪窟」。

我連忙問媽媽：「媽，房子怎麼會變成這個樣子？那你不就一直沒住在裡面，而是一直住在供桌下？」

只是，媽媽還是沒有講話，她一直搖頭、一直哭。

此時，旁邊走來一個僧人，他身穿莊嚴的僧袍，面相看起來很慈祥，手上還拿著一把像地藏王菩薩手上拿的那一支法杖。媽媽一看到僧人，馬上就跪了下來，抓住對方的僧袍放聲大哭，她邊哭邊說：「地藏王菩薩救我、救我的子孫，我不能住進去那個房子，如果住進去了，我的子孫馬上就會出事，我不能住。」

這位僧人把我媽媽牽了起來，先是拍拍她的肩膀，然後才說：「你先不要哭，也不用害怕，我來想辦法。」

地藏王說完後，轉過來對我說：「你知道你媽媽的房子是誰用木板封起來的嗎？」

我回地藏王菩薩：「不知道。」

「我告訴你，這是你媽媽自己封起來的。」地藏王菩薩說。

「我媽媽為什麼不住進去，而是把房子封起來呢？」我問地藏王菩薩。

地藏王菩薩告訴我：「你看到房子前後門分別正對著一個大洞，洞前各立了一個墓碑嗎？」

我回答：「有。」

講到這裡，地藏王菩薩的臉色變得很沉重：「你媽媽的塔位有一個大欠點，非常嚴重。對著前門的墓碑上寫著『黃氏子孫　之喪坑』，對著後門的墓碑上寫著『黃氏子孫　之喪窟』，這代表你當初在選你母親塔位時選錯了，骨灰罈進去的位置剛好坐在喪坑的位置，如果再把骨灰罈移過去左邊一點，又剛好坐在喪窟的位置——怎麼挪方位，都會遇到欠點。

如果你媽媽坐在這個欠點位置，而現在又正逢你黃家家運最低迷之際——嚴重的欠點再加上家運低，就不知道你黃家下一個將要出事的人是誰了！你看，墓碑上面還沒有寫名字，只著寫黃氏子孫，這表示：一旦出事，將會是嚴重的生死關頭，不知道誰要進去這個墓穴裡。唉，天下父母心，你媽媽就是這樣才不肯住進去——寧願無家可歸似的住在桌子底下，也不願意住進去而讓家裡的後代子孫接著出事。」

地藏王菩薩才講完，媽媽又跪了下來，對著地藏王菩薩又是磕頭、又是流淚的，並再次開口講話：「地藏王菩薩，求求你救我的子孫、救我的子孫。」

地藏王菩薩最後對著我說：「幫你媽媽搬家吧！」

夢到這邊，我就醒過來了……。

黃先生的夢境結束

等我看完夢境記錄，黃先生立刻接著說：「王老師，這陣子以來，加上前天這個夢，我已經夢到我媽媽超過六次了。我心裡很擔心，所以昨天就去一間大廟擲筊請示神明，想確認這個夢到底是不是在講我媽媽的塔位有問題。王老師，你知道嗎？結果神明馬上就給我三個聖筊。我於是又問神明：『我媽媽的骨灰罈是不是一定要換個方位？』神明再次連續給我三個聖筊。看到這樣連續出現六個聖筊，我全身馬上起了雞皮疙瘩。所以，王老師，我今天來，主要是想拜託王老師撥個時間幫我媽媽的骨灰罈重新選個方位，誠心的拜託你，王老師。你能不能幫我這個忙？」

先做夢境解析，確認信徒的解夢是否正確

看完黃先生的夢境的記錄後，我的第一個問題是：「黃先生，你有到地藏王廟拜拜過嗎？」

黃先生回答：「沒有。如果是地藏王菩薩的話，只有放我媽媽骨灰罈那裡的地藏王菩薩我有拜過，其他地方沒有拜過。」

我回答黃先生：「好，那我知道了。我問這個問題其實是有原因的，為的是確認你為什麼會夢到地藏王菩薩。哪一尊神明會給哪一個人托夢一定有因緣關係，若你沒去過地藏王廟，為什麼夢境中會出現地藏王菩薩？這是我比較好奇的部分。聽你這樣說，也許在你夢境中出現的地藏王菩薩就是放你媽媽骨灰罈的納骨塔的那一尊。沒關係，也許將來時機到了，你就會知道了也說不定。」

解夢時，要掌握夢境的重要片段

夢境跟連續劇一樣有片段。解夢的其中一個關鍵步驟，就是注意夢境中有哪些重要片段。確定

了夢境中的重要片段後，再針對這些片段仔細思考當中的夢境成分，究竟神明要透過夢境傳達什麼訊息（常見夢境成分請見《解夢經典》）。所以，我開始再跟黃先生解釋一下他的夢境。

「黃先生，你的夢境算是很直白、很直接的夢境。

▼**夢境片段一**：首先，夢境中你要去放你媽媽骨灰罈的納骨塔祭拜媽媽，開頭的這一個片段主要的意思，的確是在講你媽媽的骨灰罈沒錯。

▼**夢境片段二**：你看見媽媽從那一樓層正中央供奉地藏王菩薩的桌子下爬出來，全身髒兮兮，還哭得滿臉淚水，你問媽媽說怎麼沒有住家裡而從桌子下爬出來。這個片段主要是在講你媽媽的魂沒有依附在骨灰罈裡，或是暗喻骨灰罈的位置不適合你媽媽，所以夢境才會顯示你媽媽沒有住在家裡，而從桌子下爬出來，還哭得滿臉淚水——這裡的家，就是指放骨灰罈的位置。

▼**夢境片段三**：你媽媽拉你的手走到一間房子前面，房子外面的門牌上寫著『顯妣黃媽〇〇〇之陰厝』，陰厝指的就是骨灰罈或放骨灰罈的位置。以土葬來看，陰厝指的是棺木或墓穴，但你媽媽是火化進塔的，那就是在講骨灰罈或放骨灰罈的位置。至於這個夢境片段是在講骨灰罈本身或放骨灰罈的位置，還要看接下來的夢境才能做判斷。

▼**夢境片段四**：你看到媽媽的房子就像一間危樓，在大土堆上搖搖晃晃，一不小心就會倒塌，大門也被封起來，重點是你媽媽的房子大門口前立了一個墓碑，墓碑上面寫著『黃氏子孫　之喪坑』，墓碑上沒有看到名字；房子後面也立了一個墓碑，上面寫著『黃氏子孫　之喪窟』，上面同樣沒有寫名字。在風水地理的領域裡，確實是有『喪坑』、『喪窟』這二個專有名詞，而

且確實不管是土葬或火化進塔，都要避開這二個大欠點位置。以土葬來看，分金、棺木、墓碑都要避開『喪坑』、『喪窟』；以火化進塔來看，骨灰罈同樣也要避開『喪坑』、『喪窟』——這二個位置都是大欠點，專業且厲害的風水地理師都會特別留意去避開。要是不幸坐到『喪坑』、『喪窟』這二個位置，會怎麼樣呢？如果家運低且有欠點的話，這一門陰宅風水下葬或進塔後，一年內或甚至是百日內，家中的某一個人出事的機率非常高，輕則見血，重則喪命，不可不慎。所以，一般如果信徒家中一年內或甚至百日內連續往生二個人或三個人，我都會查一下近期陰厝風水是否有坐在『喪坑』、『喪窟』這二個欠點位置上。既然你都夢到這二個風水地理的專有名詞，那就表示骨灰罈本身沒有問題，問題是出在位置上。

▼**夢境片段五**：你媽媽邊哭邊求地藏王菩薩救她、救她的子孫，說自己不能住進去那個房子，一旦住進去了，她的子孫馬上要出事了。這個片段就很顯然的在講骨灰罈的位置上有欠點，放在那個欠點位置上，後代子孫會出事，這個片段證實了是骨灰罈位置出問題。

▼**夢境片段六**：地藏王菩薩告訴你，天下父母心，你媽媽為了不讓後代子孫出事，才不願意住進去，並提醒你要幫媽媽搬家。這個片段在告訴你骨灰罈的位置出了問題，必須要換位置。」

夢境片段整合過，再與所問問題交叉比對是否合理

把黃先生的夢境切成六個片段加以說明後，我開始跟黃先生說明：「這六個夢境片段很明顯地把你媽媽骨灰罈位置的問題講出來了，加上你昨天已經去大廟請示過神明，神明也連續三個聖筊明白指示你媽媽的方位確實有問題並且要換方位，更妙的是，風水地理學裡確實是有『喪坑』和『喪

窟』的問題，黃先生你從未接觸過風水相關的領域，對這方面也不是很瞭解，卻能夢到這二個重要名詞，可見確有其事。最重要的是，你的夢境經過神明三個聖筊確認。從這幾個方面做判斷，都再次證明你媽媽骨灰罈的方位確實有問題。」

接著，我又繼續解釋說：「你先別擔心，既然確定方位有問題，就重新再幫媽媽選個適合的方位，再擇一個吉日吉時重新進塔就行了。不過，我得先請問你，你媽媽是幾年次的？」

黃先生回答：「三十四年次的。」

「那就是乙酉年，屬雞的。」我問黃先生，「是三十四年幾月生的呢？」

黃先生回答：「六月生的。」

「好，你媽媽的仙命是乙酉年，五行屬水，按你的夢境來看，你媽媽塔位處在『喪坑』和『喪窟』這二大欠點的範圍內，那麼你媽媽的塔位應該是在西方——如果你的夢準確的話……。」我解釋給黃先生聽。

「對，一點都沒錯。幫我媽媽選塔位的老師就是這樣說的，說我媽媽屬水，而西方屬金，金生水，所以選坐西向東的方向最好——正因為這樣，我才買坐西向東的塔位。」黃先生回答說。

我搖了搖頭，向黃先生進一步說明：「選塔位不是只看五行這麼簡單而已，還有很多方面要一起推算才行，既然你媽媽的塔位是有老師幫你看的，我不方便再多講什麼，但至少你有夢到塔位的問題出在哪裡，大廟的神明確認指示你的夢境是在講你媽媽塔位有欠點，並且必須要換方位，這一點才是最重要的。為什麼呢？第一，同樣含意的夢境已經連續夢好幾次，這一點就有點蹊蹺了。第二，夢境有經過擲筊請示過神明，神明也三個聖筊確認是塔位的問題，這就代表問題點已經百分之百確定了。第三，這種事最怕的是不知道問題出在哪裡，既然已經知道問題之所在，那麼，盡快解決才是最重要的。」

「那麼，就拜託王老師幫我媽媽重新選一個適合的方位了。」黃先生著急地說。

「好，你先不要急，也不用擔心，我先算一下方位，待方位確定後，再來擇一個進塔日，幫你媽媽重新進塔，這樣就行了。」我安撫黃先生說。

於是，我開始以黃先生媽媽的仙命，選一個適合的方位，然後再以這個方位來擇進塔日。待一切都完成後，我跟黃先生說：「現在有一件事，要麻煩你跟塔方確定一下：問塔方看你媽媽的方位能不能在同一個塔裡但換一個位置，如果可以換，就不用再花錢買一個，可以省下很多錢，畢竟一個塔位價值不斐，能不必再花錢就盡量不要再花錢。如果換到新的方位需要補些許的錢，那也只能按照塔方的規定辦理。我現在就給你新的方位，你先問塔方一下。」

「好，我先去問塔方，謝謝王老師的幫忙，問的結果怎樣，我再來回報你。」黃先生說。

拿了我給的新骨灰罈方位去詢問塔方的隔日，黃先生就再次到宗天宮找我：「王老師，我昨天問塔方說我媽媽的塔位能不能換方位，塔方回覆說能換，但僅此一次，新舊位置的價格都一樣，所以不用再多付錢。」

我回黃先生說：「這樣太好了，那麼你們就不用再多花錢了。」

「王老師，那麼，接下來我該怎做呢？」

「接下來，我們就按照我給你的你媽媽的進塔日期、時辰進行，你要準備一些祭拜的東西，然後我們就約在納骨塔那邊等，等我到了再來處理後續移方位的動作。」我回黃先生。

媽祖托夢提醒事有蹊蹺……

然而，就在要幫黃先生的媽媽的骨灰罈移方位的前二天晚上，我忽然做了一個夢……。

移骨灰罈的前兩天的我的夢境

我到黃先生媽媽放骨灰罈的納骨塔，準備幫黃媽媽重新安置骨灰罈。走進納骨塔，正要搭電梯上樓時，電梯裡按樓層的按鈕沒有反應，導致電梯無法上樓。我只好走出電梯，想改爬樓梯，而我一跨出電梯，便看到電梯門口旁貼著一張告示，上面寫著「新電梯，還未建置完成，請勿使用」。我跟旁邊的人說：「啊，新的電梯還沒用好，不能使用，剛剛沒注意到這告示。」

我往樓梯那邊走去，結果發現樓梯的臺階前面拉起一條繩子，不讓人走上去。我看了一下樓梯的臺階，原來臺階似乎是剛鋪水泥，還沒有乾，為了避免破壞剛鋪上的水泥，所以不讓人走上去。此時，我心裡開始想，該不會旁邊又有告示而我沒注意到吧？於是，我在樓梯口那邊看了一看，果然，真的有一張寫著「新樓梯水泥未乾，還未能使用」的告示！

見狀我納悶了起來，電梯跟樓梯都不能用，我要怎上樓去幫黃先生的媽媽重新安置骨灰罈？此時，一位僧人手拿著法杖出現了，他對我說：「王賢人，跟我來。」

我跟在這位僧人的後面走，他帶我走一個他們出家人專用的電梯，於是我順利到達放黃媽媽骨灰罈的樓層。

我走到黃媽媽骨灰罈前，伸手要把骨灰罈前面的壓克力門打開，卻赫然發現門打不開——一連試了三次，都打不開。我站了起來，皺起眉頭，雙手交叉在胸前，念頭又轉了起來：「這個壓克力門該不會又像剛剛的電梯和樓梯一樣，是新的，還沒做好，所以才打不開吧？」

我心裡才剛這樣想而已，旁邊馬上有人回答：「沒錯……。」

我一看，正是那位剛剛帶我搭專用電梯上樓的那位僧人。

夢醒

夢醒過來的時候，我撈過手機看時間，是凌晨四點五十分。醒過來後，我就睡不著了，一直在想幾個問題：

(1)這個夢很有玄機，是在暗示我要去幫黃先生媽媽重新安置骨灰罈要注意什麼嗎？

(2)電梯上不去，是因為新的按鍵還沒建置好，所以無法使用；樓梯上不去，是因為新鋪上去的水泥還沒乾，所以無法使用；骨灰罈前的壓克力門無法打開，是因為新裝上去的，所以無法使用——為什麼一連三次都無法順利幫黃先生的媽媽重新安置骨灰罈？而且，原因都出在什麼是「新的」而無法使用，這「新的」到底是在暗示什麼？

這二大問題，是我醒過來之後一直在思考的，雖然想過是否在提醒選方位的問題，但我把自己選的方位重複檢視了好幾次，並沒有發現任何問題。既然沒問題，那這個夢究竟在暗示些什麼？最後，我認為這個夢境應該是提醒我當天安置骨灰罈時要特別注意某個環節，至於是哪一個環節，我沒有多加思考，自然也就沒擲筊請示媽祖，再加上隔日就要正式處理了，便把夢境給忽略掉了。

看到骨灰罈，我晴天霹靂、差點暈倒……

終於到了進塔當日。我幫黃先生媽媽選的進塔時辰是巳時——早上九點十五分要進塔。我八點半就到納骨塔先準備一些東西，八點三十五分時，黃先生帶我去他媽媽的古骨灰罈前面，黃媽媽的骨灰罈是放在從下面算起倒數第三層，所以我必須蹲下來才能把骨灰罈請出來。打開壓克力門，我把伸手進去，準備要把骨灰罈請出來、然後拿到地藏王菩薩面前的桌子上祭拜……。結果，我的手一摸到骨灰罈並看到骨灰罈上面刻的字，立刻嚇到整個手往回縮，回縮的動作與速度又快又大！我猛地站起身來，整個人晴天霹靂、快暈倒似的往天花板看，長長歎了一聲很大的氣，然後轉過了頭，眼睛直直盯著黃先生和他的家人們，足足盯了大約一分鐘。

此時此刻，我完全明白媽祖給我托夢是要告訴我什麼了……。

黃先生和他的家人們被我縮手及瞬間猛然站起來的動作嚇了一大跳。黃先生害怕地問：「怎麼了，王老師，你是看到我媽媽的骨灰罈有異樣嗎？」

我搖搖頭，又歎了一口氣，才問黃先生說：「黃先生，你媽媽的骨灰罈上面刻著丁酉年農曆六月十八日，也就是你媽媽是今年農曆六月才往生的，對吧？」

黃先生回答：「對啊，怎麼了嗎？」

我繼續問黃先生說：「現在是農曆八月，對吧？」

黃先生回答：「對。」

我告訴黃先生說：「那麼，你媽媽往生都還沒有百日，怎麼可以移動骨灰罈呢？**不要說還未百日不能移動，還沒對年都不能移動！**我問你，還沒對年不能移動骨灰罈這一點，你知道嗎？」

黃先生回答：「我真的不知道！」

「喔，既然不知道，那就不能怪你了。」我忍不住第三次歎了口氣。

黃先生接著問我說：「可是我請示過神明，神明給我三個聖筊說一定要移位置啊？」

「神明指示你媽媽的骨灰罈一定要移位，這一點沒有錯，但絕對不是指示你媽媽還沒對年就要移動，這一點，一定是你自己解釋錯了。」我繼續對黃先生說，「今天我可能沒有辦法幫你媽媽重新安置位置了。不然這樣子好了，我剛剛看到，這一層樓的地藏王菩薩神桌前剛好有放筊，可以讓人請示，以防萬一，我們現在就到地藏王菩薩面前，讓我再請示一遍，看地藏王菩薩做什麼指示，我再配合地藏王菩薩的指示做處理，這樣比較保險。」

我跟黃先生一家人來到地藏王菩薩面前，由於這間納骨塔規定裡面不能點香，於是我們雙手合十並對地藏王菩薩稟報事情的來由，以及我要請示的問題。由於時間緊迫，十五分鐘後，我就開始擲筊請示了——

「奉請地藏王菩薩，黃弟子母親的骨灰罈是放在這一層樓，弟子全家首先誠心感謝地藏王菩薩的庇佑，以及托夢讓黃弟子知道他媽媽骨灰罈有欠點。依照黃弟子的夢境及弟子剛剛用羅盤量過以後，黃弟子的母親骨灰罈確實坐在『喪坑』、『喪窟』這二大欠點涵蓋的範圍內，但是弟子剛剛看到骨灰罈上面的日期，往生尚未百日，由於港口宮媽祖及宗天宮都教導弟子，往生者還沒對年是不能移動骨灰罈的。既有的『喪坑』、『喪窟』欠點還未處理，若再加上未對年就隨意移動骨灰罈，原本的問題再加上新的問題，弟子深怕黃家會因為這樣再出很大的事，所以，弟子今天特別誠心祈求地藏王菩薩大發慈悲、指點迷津，弟子會遵照地藏王菩薩的意思做處理。」

第一個問題我先請示地藏王菩薩：「請示地藏王菩薩，黃弟子之前的夢境裡面有出現地藏王菩薩，所以，弟子想先瞭解這個夢境是不是由納骨塔這邊的地藏王菩薩所托夢，如果黃弟子這個夢境是這裡的地藏王菩薩托夢，請給弟子三個聖筊。」結果是「三個聖筊」。〔問題1〕

第一個問題得到了三個聖筊後，我馬上跟黃先生解釋：「黃先生，你知道我為什麼先問這個問題嗎？因為你的夢境出現了僧人，而且你媽媽叫僧人『地藏王菩薩』，而我之前問過你有沒有到其他地藏王廟去拜拜過，你說沒有，所以我要再一次確認是不是這裡的地藏王菩薩給你托夢的，而剛剛地藏王菩薩也給三個聖筊。現在，已經確定是這裡的地藏王菩薩給你托夢，指示你媽媽的骨灰罈方位有欠點。我們以邏輯性與合理性深入一點探討這三個聖筊的意義：既然是這裡的地藏王菩薩給你托夢，那就百分之百的合邏輯及合理了，**因為你媽媽的骨灰罈是放在這裡，地藏王菩薩對你媽媽的情況最清楚與瞭解**。

現在，我們已經確定是這裡的地藏王菩薩給你托夢的，那就代表地藏王對你媽媽所有的情況一清二楚。那麼，我就可以開始請示地藏王菩薩第二個問題了。」

於是，我繼續請示地藏王菩薩：「請示地藏王菩薩，既然這個夢境是地藏王菩薩給黃弟子托夢的，那就代表地藏王菩薩對問題的所有來龍去脈已經查明清楚，弟子想請示地藏王菩薩，是不是黃弟子的媽媽的骨灰罈還沒有百日依然一定要移動換位置，如果還沒有百日依然一定要移動換位置，請給弟子三個聖筊。」結果是「沒有聖筊」。〔問題2〕

得到這個答案後，我便向黃先生解釋：「注意看，我剛剛問地藏王菩薩的是：還沒有百日依然一定要把你媽媽的骨灰罈移動換位置。結果是『沒有聖筊』。接著，我要問下一個問題。」

接著，我繼續請示地藏王菩薩說：「請示地藏王菩薩，還是地藏王菩薩認為已經有欠點而且是一定要移動沒錯，但要等到對年之後才能移動，如果是這樣，請給弟子三個聖筊。」結果是「三個聖筊」。〔問題3〕

看到地藏王菩薩指示三個聖筊，我對黃先生一家說：「對嘛，這樣才是正確的做法。黃先生，你之前去廟裡請示神明，神明應該也是這個意思才對——指示你媽媽在對年後一定要換方位，而不是現在還未百日就一定要換方位。」

不是擲出三個聖筊就了事，還要思考三個聖筊的合理性和邏輯性

「可是……。」

黃先生的話還沒說完，我就已經知道他要說什麼了，於是我對他說：「我知道你要說什麼，不然這樣子好了，今天既然都已經來這裡了，為了解開你心中的疑惑，乾脆我完整地幫你們請示地藏王菩薩，一次把這件事情問個清楚，這樣你們也好安心。」

於是，我再次請示地藏王菩薩：「請示地藏王菩薩，黃弟子之前有在一間廟請示神明，根據黃弟子的說法，是神明指示現在一定要移動換位置有三個聖筊。所以，弟子要請示地藏王菩薩，是不是黃弟子把那間廟的神明指示他媽媽的骨灰罈在『對年後一定要換方位』誤解成『現在一定要換方位』，如果是這樣，請給弟子三個聖筊。」結果還是「三個聖筊」。〔問題4〕

三個聖筊又出現了，我對黃先生說：「對嘛，黃先生你看，這才是正確的觀念，這才是正確的做法。你不能說那一間廟的神明指示出來的答案有錯，是你自己把擲筊的結果解釋錯誤了——因為從古到今根本不可能下葬或進塔後還未對年就馬上換位置，更何況你媽媽是往生還沒百日就要換位置，這更不可能了！

我知道，你的想法一直卡在神明已經指示你三個聖筊說可以移動，所以才篤定認為要遵照神明的指示去做，這我可以理解，只是你忽略掉再去思考這三個聖筊背後的『合理解釋』。如果當時是我幫你問神明，一定不會發生像今天這種情況，我不會明明知道『一位往生者還未百日，骨灰罈不能移動』，又故意去問神明這個未百日的骨灰罈是不是現在一定要換位置。」

「那麼，王老師，如果是你，你會怎麼問呢？」黃先生繼續問我。

「我會怎麼問？我會像剛剛我問地藏王菩薩同樣的問題——『等對年之後一定要換位置』。」

我回答黃先生。

黃先生點了點頭，對我說：「王老師，我瞭解了，真的不好意思，是我自己的疏忽，還讓你跑這一趟。不過，我今天還真的上了一門寶貴的課程，雖然我自己問出三個聖筊，但我沒去思考這三個聖筊背後到底有沒有合理性跟邏輯性，我今天學到了很多。」

我對黃先生說：「沒關係啦，其實我也有疏忽的地方，當時你說你已經去大廟請示過神明，也已經有三個聖筊了，而且我憑你的夢境對照做總評估，確實是你媽媽骨灰罈的方位有欠點，我剛剛用羅盤量你媽媽骨灰罈的位置，真的是坐在『喪坑』、『喪窟』所涵蓋的範圍內，確實很危險——不管是把骨灰罈轉右邊一點或轉左邊一點都會遇到『喪坑』、『喪窟』的範圍。此時，當時只要再多問一句『你媽媽是什麼時候往生的』這個問題，今天也不會發生這種尷尬的局面；前天晚上媽祖或地藏王菩薩也早就托夢給我要我注意……，唉，算了，不講這個了。

不過，你別緊張，也不用擔心，今天雖然無法幫、也不能幫你媽媽的骨灰罈換方位，但等到明年你媽媽對年後再來找我，我一定會幫你媽媽移動骨灰罈、更換方位。」

解夢的重點思考：神明既然托夢了，就有辦法幫忙解決

「好，真的很感謝王老師的幫忙，今天的事由於我太過輕率，對擲筊的解釋也不是很懂，以為有三個聖筊就可以做了，沒想到出這麼大的錯誤。王老師，我剛剛還在想，其實這件事幸好是遇到王老師你，還好你對這方面有這麼專業的知識，如果是遇到其他老師，不知道會不會沒有注意到骨灰罈上的日期就移動我媽媽的骨灰罈，那麼後果可就不堪設想了！」黃先生滿臉愧疚的說。

「不會啦，有經驗的老師都會注意的啦！」我安撫了一下黃先生，然後繼續問他，「其實你現在應該要祈求地藏王菩薩一件事，你知道嗎？」

「什麼事？」黃先生不解的問。

我繼續對黃先生說：「你再仔細回想一下你的夢境，既然你媽媽骨灰罈的方位已經有欠點，並且夢境中也已經明白指出這個欠點會影響到你們黃家的人丁。但你媽媽要等到明年六月才對年，也就是說，還要等將近十個月才能夠處理欠點，如果這段期間你家裡面有人出事的話，那該怎麼辦？你有沒有想過這個問題呢？」

「對耶！我還真的沒想過這個問題，那麼該怎麼辦，王老師？」黃先生緊張的問。

「既然現在根本不能處理欠點，至少還要等十個月才能移動換骨灰罈位置，那麼，為什麼地藏王菩薩會現在就在夢中跟你講你媽媽骨灰罈欠點的事？為什麼不快要到對年時再托夢？現在跟你說豈不是太早了？而且還會讓你至少擔心十個月，不是嗎？你有沒有想過為什麼呢？」我問他。

「對耶，有道理耶，王老師，那為什麼地藏王菩薩現在就跟我托夢呢？」黃先生說。

「其實，這點就真的要靠神明教我及這二十三年問神累積下來的經驗，才能夠知道背後的玄機了。當初，媽祖告訴過我一段話，我到現在都一直記在心裡，那就是：『神明要是跟你講有欠點，神明就有解決的方法等著你來問——無論這個欠點能不能馬上解決。就算這個欠點現在沒有辦法馬上解決，神明也有辦法處理。』」頓了一頓後我繼續說，「以你的案件來看，地藏王菩薩不可能這麼早托夢給你，告訴你媽媽的骨灰罈位置有問題，又任由你們一家在這將近十個月內發生事情吧？所以，既然沒有辦法馬上處理，那就求地藏王菩薩先護住你們一家，在十個月內不讓欠點導致你家出事，這才是你目前最應該要做的事。」黃先生說：「對，這點真的很重要！有經驗跟沒經驗，就差在這兒了。謝謝你，王老師，還幫我們想我們想不到的事。」

「別客氣，我知道信徒對這方面比較沒有經驗，都會幫你們先想好。現在，我們就來求地藏王菩薩這件事。」回答黃先生後，我繼續請示並祈求地藏王菩薩，「請示地藏王菩薩，黃弟子母親的骨灰罈欠點的事已經完全清楚了，也會在黃弟子母親對年後馬上換位置。但是，要等黃弟子的母親對年還有將近十個月的時間，深怕十個月期間會因為這麼大的欠點導致家中出事，但弟子深信，地藏王菩薩既然會這麼早就托夢告知黃弟子這件事，就一定有解決及遏止的方法。所以，黃弟子全家誠心祈求地藏王菩薩護住與護祐黃弟子全家安危，在黃弟子的媽媽未對年的這十個月期間不會發生任何事。如果地藏王菩薩已經允許黃弟子一家之所求，請給弟子三個聖筊。」〔問題5〕

結果，「叩叩叩」連續三聲，「三個聖筊」立馬出現。

黃先生全家看到這神奇的三個聖筊出現後，忐忑不安的心才終於完全放下來。當然，後續地藏王菩薩還有交代黃弟子全家在這十個月期間要如何遏止欠點，以避免影響到整個家運及家中成員，例如護身符如何使用等等，這裡就不多贅述了。

黃先生媽媽的骨灰罈要移動位置的案件，到目前為止已經告一段落，雖無法立即處理骨灰罈，但當下地藏王菩薩也有做預防的最好措施，以現階段的結果來看，可以說是兩全其美了。最後，我在離開納骨塔前又特別交代黃先生說：「你一定要記住，等你媽媽對年之後，要趕快來找我處理骨灰罈的事，因為地藏王菩薩遏止欠點的時間期限是十個月，盡量不要拖到，切記！」

「好，我一定會記住的，非常感謝王老師的幫忙。」黃先生說。

正當我轉身要離開時，黃先生忽然叫住我：「王老師，請問我這些本來要祭拜我媽媽的祭品、菜飯、發糕、紅圓要怎麼處理呢？」

「怎麼處理？你們就拿回家吃就好了啊！」我感到有點困惑地回答。

「那麼，王老師你要嗎？你全部帶回去。」黃先生非常誠懇地問我。

我回說：「我全部帶回去？……我不餓……，謝謝，……再見。」

從這個案例我學到什麼：解筊要留意三個聖筊是否合理、合邏輯

解筊有二個重點：⑴如何從二個聖筊問出三個聖筊，一定要會解釋二個聖筊所代表的是什麼情況和意義。⑵三個聖筊出來後，要思考這三個聖筊背後的意義到底有沒有合理、符不符合邏輯。

黃先生媽媽的骨灰罈要移動換位置這個案子，就是三個聖筊不合理的典型案件。死者往生未對年前，不管是棺木或骨灰罈都不能隨意移動——這是一個普遍的民俗文化知識，但黃先生卻表示自己得到神明三個聖筊指示說可以移動，遇到這種情況，顯然是神意與民俗文化知識相衝突——話說回來，既然人都知道未對年前不管是棺木或骨灰罈都不能隨意移動，神明更不可能不知道。從這一點來看，當時黃先生在解筊時就已經誤解這三個聖筊背後的真正含意了。

要具備基本的民俗常識和知識

如果大家有心要往問事人員這條路走，一定要對一些基本的民俗常識與知識詳加瞭解（一般人能夠多瞭解些，當然也是很好），並且一定要堅守原則，否則，如果信徒自己去請示神明，然後跟你講神明指示有三個聖筊，你很容易會不加思索的照單全收，而不懂得去判斷合不合常理、通不通情理、符不符合邏輯。

假設這個答案不合理、不符合常態，一旦做了下去，後果很容易變成：原本的問題還沒解決，又出現另一個新的問題出來——舊問題加上新問題，如果家運正低迷而且又有欠點，那後果就真的不堪設想了。

問事人員一定要具備這些基本的民俗知識與常識，才有能力發現事情不對勁、發現這個三個聖筊的答案怪怪的、察覺到這個三個聖筊的答案似乎不能這樣解釋神意，神明應該是有其他的解釋，並告知當事人，他可能解錯三個聖筊的背後含意了。

從這個案子的經驗，我也學習到要更小心對年這個時間問題，之後在處理陰宅風水案件時，都不忘多問一下亡者已經往生多久，才沒有再出現這種虛驚一場的案件——雖然最後是沒有出錯，但我可是嚇到快暈倒啊！

對案件的每一個環節都不能輕忽

媽祖跟地藏王菩薩真的很慈悲，發現我沒有注意到黃先生的媽媽往生多久的問題，在處理黃先生媽媽的骨灰罈的前二天就已經托夢了，只是我沒有注意到夢境中那更深一層的神意，最後也沒有請示神明，直到最後要把骨灰罈請出來前的那一剎那，忽然看到骨灰罈上面刻的日期，才終於恍然大悟——大家可以重新看一次把媽祖及地藏王菩薩所托的那個夢境，就不難發現祂們早就在提醒我了，只是我沒有體會到。

首先是我去搭電梯，電梯裡按樓層的按鈕不能按，然後我發現電梯門口旁貼有告示，寫著「新電梯，還未建置完成，請勿使用」，而我跟旁邊的人說：「啊，新的電梯還沒用好，不能使用，剛才沒注意到這個告示。」請注意，這一句「啊，新的電梯還沒用好，不能使用，剛才沒注意到這個告示」就是第一次提醒我什麼東西是「新的」，不能使用。

接著，當我要走樓梯的臺階時，發現樓梯的臺階不能走，又發現樓梯口有告示寫著「新樓梯，水泥未乾，還未能使用」。請注意，這一句「新樓梯，水泥未乾，還未能使用」，是第二次提醒我什麼東西是「新的」，還未能使用。

最後一次，我想把骨灰罈前面的壓克力門打開時發現打不開——一連試了三次都打不開，才發現這個壓克力門也是新的，所以打不開。請注意，壓克力門也是「新的」、也打不開，這已經是神明第三次提醒我什麼東西是「新的」，所以不能打開。

這裡三次出現的「新的」，就是指黃媽媽的骨灰罈是新的，還不能有任何處理的動作。

我們還可以更深入一點解夢：夢境中為什麼連續出現三次「新的」（搭電梯、爬樓梯、開骨灰罈前的壓克力門），而造成我無法順利完成這個案件的夢境片段呢？很簡單，會連續出現三次，就是我一而再再而三、一直沒注意到自己忽略掉這個重要環節。自這個案件以後，我也學到：不管處理的是不是風水案件，都一再提醒自己要小心案件的任何一個環節。這個案件可以提醒有心從事問事人員一職的讀者，**對任何案件的環節檢視都要保持謹慎、嚴謹、細心的態度與精神。**

案例 6 錯誤三個聖筊問法篇 2：你確定這是神明指示的？

邏輯推論第二大精要「評判性思考」——擲出三個聖筊卻出錯的檢視指標

我們已經知道，就算擲出三個聖筊，也不能就認為這個答案百分之百正確，接下來就是要進一步說明，該如何知道自己問到三個聖筊的答案到底是不是正確答案？本章我要以一個精采案例來分享擲筊問事「評判性思考」的必要性——評判性思考是邏輯推論法門的第二大精要，一定要好好學起來。如此一來，你不只能問出關鍵問題（用系統思考），還能檢視問到三個聖筊的答案對不對，這對問事來說是種雙重保障，畢竟當問出來的答案錯了，解決的方法也可能出問題……

案件六・錯誤三個聖筊問法篇 2》你確定這是神明指示的？

這天，一對大約六十幾歲的周姓夫妻到宗天宮拜拜，他們拜完後，剛好遇到我走進宗天宮要處理信徒的事情。於是，這對夫妻先跟我打了聲招呼，然後周先生問我說：「王老師，我們知道你有在幫人家覆核結婚日，我們夫妻比較相信你，所以是否可以請你幫我們覆核一下結婚日呢？我女兒要結婚了。」

我先是向這對夫妻道喜，然後才回答他們：「好，周先生，等一下你把看好的日子拿給我，我先處理完其他信徒的事情，之後就馬上幫你們覆核結婚日。」

大約半個小時後，我處理完其他信徒的事了，就帶周先生跟他太太到辦公室裡，準備幫他女兒的結婚日進行覆核。

周先生把他女兒結婚的那張結婚日課表遞了過來，我開始進行覆核，沒想到我自己都當場嚇一大跳。我強迫自己冷靜下來，想說會不會是自己看錯了？我又覆核了第二次，結果還是沒錯。

我皺著眉頭盯著結婚日課表，不知道該怎麼說。依過去的經驗，不管是幫男方看結婚日或幫女方覆核結婚日，最後決定日期的都是男方。儘管決定權在男方，結婚日如果有問題，我都還是會提出來提供男方參考，而這次我真的不太敢提出來，因為這對夫妻拿給我的結婚日非常怪，怪到我內心忽然慌了——我真的第一次看到這種結婚日！我不太敢提出問題的原因有三——

(1)這是哪位幫他們選的訂婚日跟結婚日？
(2)這位老師跟他們是什麼關係？
(3)如果是擇日老師看的日子，應該不至於會有這種情況發生才對啊！

家神竟然指示了沖到新人的訂婚日和結婚日

也許是看到我一直沒有講話，表情還整個變得超級嚴肅，周姓夫妻大概也感到有些苗頭不對，周先生開口問我：「王老師，怎麼了？你的表情怎麼變得那麼嚴肅，是日課表上的日期出了什麼問題嗎？」

我看著周先生跟他太太，大概過了一分鐘才開口：「周先生，我想先請問你，這個結婚日是男方看的，還是你們女方看的？」

周先生回答：「是男方看的。怎麼了？有問題嗎？」

「對，有問題，而且很有問題。」我點了點頭，然後開始講解問題出在哪裡，首先我請他們看一下結婚日課表。

結婚日課表

龍圖（男方稱「龍圖」，又稱「乾造」）

民國七十七年（戊辰年）〇〇月〇〇日〇〇時

鳳閣（女方稱「鳳閣」，又稱「坤造」）

民國七十八年（己巳年）◇◇月◇◇日◇◇時

訂婚日：民國一〇八年農曆九月六日辰時

結婚日：民國一〇八農曆十一月九日巳時

「周先生，你們看，這是你女兒和女婿的生辰，以及訂婚日、結婚日。我們先討論一些簡單且大家都知道的問題，**一般在看訂婚日跟結婚日，第一個最基本的條件就是一定要避開會沖到二位新人的日子**。這個部分你們應該都知道，對吧？」

周先生回：「對。」

我接著繼續說：「既然你們都知道，那麼請看一下，訂婚日是在九月六日，這一天的日沖剛好正沖到戊辰年屬龍的，而你女婿剛好就是戊辰年屬龍的。同樣的，結婚日是在十一月九日，這一天的日沖剛好正沖到己巳年屬蛇的，你女兒剛好就是己巳年屬蛇的。其他的問題先不看，單單這二天的日子，就沖二位當天最重要的新人，你不覺得這個日子選得很奇怪嗎？一般老師應該都有基本的擇日學觀念，怎麼反而偏偏去選會沖到的日子，何況還是正沖！這一點正是我最納悶的地方。」

吞了一口口水後，我進一步解釋日沖的問題：「之前有一位信徒，也是拿他女兒的結婚日課表來讓我覆核，女方爸爸開口第一句話就是問我那天訂婚是不是有沖到他女兒？我仔細看了那張結婚日課表後回答他說：『你女兒屬馬，庚午年生的，這張結婚日課表上的訂婚日確實是沖到屬馬的，但不是沖到你女兒庚午年屬馬的，而是沖到戊午年屬馬的。屬馬的年次有五種——甲午、丙午、戊午、庚午、壬午，**從嚴謹的擇日學角度來看，不能說這一天有沖到生肖屬馬的就說這五種馬全都沖到，還要具體看是哪一個年次的馬**，這樣才客觀。』不過，我也跟這位先生說，如果他心裡真的覺得沖到馬會怪怪的、毛毛的，感到不安心，那也可以跟男方討論換個日子。」

我把話題拉回到周先生女兒身上：「周先生，周太太，請仔細看，你們手上的這張日課表，跟我講的那位信徒的案例完全不同，剛剛那個案例是沖到馬但不是他女兒那個年次的馬，而你女兒的訂婚日九月六日這一天，卻是正沖戊辰年屬龍的，你女婿正好戊辰年屬龍；結婚日十一月九日這一天正沖己巳年屬蛇的，你女兒剛好又是己巳年屬蛇的。這……這二個日子，你們不覺得很奇怪嗎？雖然除了沖生肖的問題，還有其他問題，但其他問題我就先不講了，因為沖生肖是第一關，連第一關都無法過了，其他就不用再講了。」

周姓夫妻聽了，緊張的問我說：「那麼，王老師，那現在該怎麼辦？」

我對周先生說：「你現在能做的就是，把這張結婚日課表拿給媒人或男方，說明一下我剛剛跟你們講的沖生肖問題，看怎樣我們再後續做討論，目前就只能這樣了。」

聽了我的建議後，周姓夫婦把那張結婚日課表上訂婚日跟結婚日的問題出在哪裡，都跟男方那邊說清楚。隔日，周姓夫妻就又來宗天宮找我說明了。「王老師，我昨天回去問我女兒，她說這訂婚日跟結婚日是我女婿自己在家裡擲筊請示神明問出來的。」

我簡直不敢相信自己耳朵聽到的，又回問了周先生一次：「日子是請示家中神明問出來的？」

周先生回：「對。」

「神明指示這二個日子？你確定？這真的有可能嗎？」我不可置信地反問，接著對周先生說，「既然是神明看的日子，那我也不方便講什麼，只要你們雙方都對這個日子沒有意見，那就看要不要採用這個日子……。」

「那麼，訂婚日和結婚日分別沖到當天要結婚的新人中的一個，這又要怎麼辦？」周太太緊張的問我。

「其實，這部分正是我最納悶、也十分想不透的地方。不過，還是那句話，既然是神明指示的，我也不能說怎樣，而且這是你女婿自己請示家中神明問出來的，要他改變日期，我想應該會很難。不然，你可以去諮詢一下其他擇日老師，再確定看看這個訂婚日、結婚日可不可以用，如果可以用就採納，或是你們回去再跟女兒和女婿討論一下，看能不能再請示你女婿家神的『神意』，看結果如何再來討論下一步要怎麼做。只不過，千萬不要為了這個事情鬧得不愉快。不管是新人或雙方家庭，有時候會因為結婚日沒有共識而鬧翻，導致連婚都結不成的——我已經看過太多這樣的案例，所以這一點千萬要避免。」我謹慎的交代周太太。

「老師，其實我跟我太太並不贊成他們倆結婚，只是女兒堅持要嫁給他，我們也沒辦法，只好就……就這樣了，不然能怎麼辦？」周先生歎了一口氣說。

我告訴周先生和他太太說：「先別擔心，事情或許還有解決的機會，我建議你們回去後先找女婿好好談談會比較好，但我還是要再提醒一次，千萬別為了這件事彼此鬧得不愉快喔！」

周先生點點頭，回答我說：「好，我們先回去討論一下，看怎麼樣再跟王老師講。謝謝你，王老師，那我們就先離開了。」

周先生與他太太二人回去後，遵照我給他們的建議，拿訂婚日和結婚日去諮詢其他老師，果然都得到一致的答案：這個訂婚日和結婚日都不行用。夫妻倆想了好幾天，為了女兒的婚姻及將來，還是要跟女兒坦白這件事情。他們女兒聽到了之後，據說也一樣面有難色，不知道該怎麼跟自己男朋友講，最後，周先生決定自己直接跟他未來的女婿討論。

周先生把事情的原委一五一十的向他未來的女婿講明白，對方並沒有多大的反應——就像我當初想的那樣，他認為這是家中神明所指示的日子，應該不會有錯才對。

周先生於是進一步跟他解釋說：「如果只是一、二位老師說日子有問題，我不會亂想的，但是這次是一連四位老師都說日子有問題，而且講的還都是同樣的問題，這樣子真的值得我們多慎重一點，不是嗎？為了你們將來可以平安無事，希望你能體諒我這個爸爸擔憂的心情！」

幸好，周先生的女婿聽完之後，也能夠體諒他未來岳父的心情，就問周先生說：「那麼，現在要怎麼做？」

「我帶你去找宗天宮的王老師，一起討論之後，再做下一步打算。」

兩人有了共識之後的隔日，便一起來宗天宮找我……。

檢視三個聖筊是否出錯的四大指標

周先生跟他未來女婿兩人來到宗天宮後，我們就在辦公室討論這件事情。

首先，我問這位年輕人說：「你貴姓？」

「王老師，你好，我姓曾。」他回答我說。

我點了點頭，對曾先生說：「曾先生，你未來岳父應該已經跟你說過訂婚日和結婚日方面的問題了，我知道這兩個日子和時辰都是你請示過神明的，但我覆核過後，發現上面的日子有很大的問題，其他更深入的問題暫且不說，單單訂婚日和結婚日都分別正沖到你跟你未婚妻這一點，其實就是一個很明顯的問題所在了！

當然，為求謹慎，我還有請周先生去找其他擇日的專業老師諮詢過，而這三位老師看到的都是同樣的問題。既然包括我在內總共四位老師所看到的問題都一樣，那麼，我真的建議你多謹慎考慮一下是否要繼續用這兩個日子。當然，如果你還是要用，我還是會以你的意思為主，畢竟你說這個結婚日是你家中神明所指示的。」

「是的，王老師，這二個日子是我請示我家中神明而來的。我岳父跟我講這件事情時，我一直覺得很奇怪，既然日子是神明指示的，那應該是沒錯才對，怎麼會一連四位老師都說日子有問題？王老師，其實我沒有很堅持一定要用這二個日子，只是這一點讓我很納悶。」曾先生說。

我聽了，先問他說：「你請示家神時，擲到了幾個聖筊？」

曾先生說：「三個聖筊。」

聽到這個回答，我心裡開始暗自思考：既然都有擲到三個聖筊，照道理講應該不會有錯才對，但結果竟然錯得這麼離譜，問題是出在哪裡？那應該就只有一種可能性了……。

想到這裡，我對曾先生說：「媽祖曾經告訴過我，在擲筊問神明後，即使神明有給三個聖筊，還是要去思考這三個聖筊有沒有合理、符不符合常態與邏輯。那麼，要如何檢驗三個聖筊到底合不合理、符不符合常態與邏輯呢？有幾個基本指標可以檢視：

指標1〉與一些風水、擇日等既有的專業理論基礎經典、資料進行交叉比對，檢視此三個聖筊的結果是否與這些理論有出入

這一點相當重要！你請示神明的是訂婚日跟結婚日，這是屬於擇日方面的問題，雖然你得到神明賜予三個聖筊，但是這個答案不管是對照一般的『農民曆』、專業的『通書』或擇日學方面的其他書籍，都可以很容易查到有問題存在——沖生肖。你問出的訂婚日是九月六日，是三個聖筊指示出來的，但只要查閱一些這一天沖到幾歲、什麼生肖的書籍，就都可以查到日沖正沖到戊辰年屬龍的人，而曾先生你本人就是戊辰年屬龍。

同樣的，你問出的結婚日是十一月九日，這個日子也是三個聖筊指示出來的答案，卻同樣查到日沖正沖到己巳年屬蛇的人，而你的未婚妻正是己巳年屬蛇。

雖然這二個日子都是請示神明而得到三個聖筊的答案，但答案卻都分別沖到當天要結婚最重要的新人之一！事實勝於雄辯，這很明顯有問題，難道你不覺得這日子選得很奇怪嗎？

指標2〉與一般常識和邏輯進行比對，檢視此三個聖筊的結果是否符合常理

以你這個案例來看，另一個非常明顯的怪異之處就是——只要請專業的擇日老師選訂婚、結婚日，正常來說都不會犯下沖到新郎、新娘這樣的錯誤。接著，請依你的常理邏輯去思考：既然人不會犯下這種錯誤，神明應該更不可能犯這種錯誤，是吧？

依此反向思考，神明會犯下人不會犯的錯誤，豈非讓人更加匪夷所思——這一點都不符合常理。你納悶的點在於神明指示的結婚日應該不會錯，而我納悶的點是神明不該犯這種錯誤——我們二人同樣都在納悶，但是納悶的點完全不同！

既然是神明給出了這種看似錯誤的答案，至少我們應該要去思考：是不是自己問錯了？還是自己誤解三個聖筊的意義了？神明是不是有特別的用意或考量才挑這個怪日子？思考的方向有很多，總之你至少應該敏感的察覺到當中有值得商榷的地方。

指標3〉與人文傳統、民間習俗進行比對，檢視此三個聖筊的結果是否合理、合邏輯

針對這個指標，我會舉兩個例子，都是在說明：一般來說，太太娘家的祖先是不會影響到嫁出去的女兒的。

第一個例子是這樣的，一位先生的太太早上騎車上班，途中發生車禍被送去醫院。當太太昏迷到了第三天，眼見昏迷指數愈來愈低，這位先生心情非常緊繃，開始到處去求神問卜、祈求神明大發慈悲保祐他太太度過難關。他自己擲筊請示太太的病情，結果問出他太太會發生車禍而昏迷，是因為他岳父、岳母過去做了很多不好的事情——這是神明賜三個聖筊的答案。

於是，這位先生就帶著岳父、岳母、小舅子來宗天宮找我，詢問要做什麼功德才能抵銷或化解他岳父、岳母過去做的一切不好的事，讓他太太早日醒來。聽到這位先生的描述，我看了一下他岳父和岳母，只見二位白髮蒼蒼的長者滿臉的無奈、無辜，站在旁邊任由女婿抱怨。

於是，我問這位先生說：『你跟你太太結婚多久了？』

他回答說：『九年了。』

我回答這位先生說：『你們既然已經結婚九年了，你太太發生車禍而昏迷，跟你的岳父、岳母過去是否有做過不好的事一點關係都沒有。真要說有關係的，也是跟你小舅子有關係，而不會跟嫁出去的女兒有關係，何況你岳父、岳母過去是否真的做過什麼很多不好的事，你也不確定啊！』

他回問我說：『可是，我有請示神明，神明有三個聖筊指示……。』

我馬上回這位先生說：『我肯定你問錯了。因為這個答案既不合理，也不符合邏輯，當中的道

理很簡單，如果你太太是還沒嫁你之前就發生車禍而昏迷，那你剛剛說的那個原因就有可能，但如果是她還沒嫁給你之前，就不能稱為「你太太」了。既然你太太已經嫁給你九年了，娘家的事怎麼會影響到一位嫁出去的女兒呢？再怎麼說，要受娘家的事影響，也應該是你小舅子！』

後來我幫他們請示媽祖，媽祖指示他太太車禍並未受到任何問題牽連，也不是欠點的影響，同時也指示會盡力幫他太太度過難關。又經過二天，他太太醒了。等他太太順利出院，夫妻倆一起來宗天宮拜拜，除了感謝媽祖庇佑，也跟我聊到當時這件事，我於是對這位先生機會教育說：『擲筊問神，不能說有三個聖筊就是「絕對」了，還得判斷你問的這個答案合不合理、符不符合邏輯，你太太都已經跟你結婚九年了，娘家就算有欠點，也是跟你小舅子有關係，不至於影響到你太太，這才是合理的。你當時沒有考慮到這個合理性，所以才會說出對你岳父、岳母一些不禮貌的話。』這位先生後來也親自跟他岳父、岳母道歉了。」

我繼續跟曾先生說明：「除了這個案例，還有一種情況也同樣不合理又不符合邏輯。之前有位信徒的家運及事業長久以來都很不順，他請示神明，問家運及事業不順的原因是否是出在他太太的祖先有欠點，結果得到三個聖筊。

我當時聽了，只問他一句話：『你太太有哥哥或弟弟嗎？』

他回說：『有。』

我於是跟他說：『既然你太太有哥哥跟弟弟，你太太娘家祖先的欠點就不可能影響到嫁出去的女兒，更不可能影響到你，由此可見，你問的這個答案雖然有三個聖筊，卻不合理也不合邏輯，所以不是問錯了，就是把這三個聖筊的結果給解釋錯了。』

我繼續跟這位信徒解釋，太太如果會被娘家的祖先影響到，大概只有幾種情況才有可能——

▼娘家只有女兒一個孩子，沒有任何兄弟姊妹——也就是獨生女。

▼娘家都生女生，沒有生男丁。

▼娘家的哥哥或弟弟有結婚但沒生孩子，而哥哥或弟弟相繼往生後太太再改嫁，這代表娘家的男丁已經都往生斷了香火，也沒家人了。不過，在這種情況中，娘家的祖先只會托夢請求嫁出去的女兒幫忙，而不會影響整個夫家的家運或本身的運勢，因為娘家的男丁雖然都已經往生，看似沒男丁，但以邏輯性跟合理性來看，娘家的哥哥或弟弟是有結婚後才往生的，所以娘家的祖先是不會去干擾嫁出去的女兒，而只是請這位唯一還在世的親人幫忙解決問題。

▼娘家有兄弟姊妹，但哥哥或弟弟未婚就往生也沒有後代了（即倒房），這等於娘家沒有男丁。注意，如果娘家的哥哥或弟弟是結婚生子後才往生，那娘家的哥哥或弟弟生的孩子不管是兒子或女兒，都代表娘家的哥哥或弟弟有後代，在這種情況下，娘家的事不會影響到嫁出去的女兒。

▼有一個比較特別的狀況是，有位信徒小時候爸爸就往生，她媽媽帶著她跟姊姊或妹妹改嫁，但她和她姊姊或妹妹沒有先得到生父這邊祖先的同意，姓就全都改成繼父的姓，在這種情況中，就算後來她們嫁出去了，還是會被生父這邊的事影響到。當然，如果是男生在沒有得到生父這邊祖先的同意前改成繼父的姓，影響又會比女生更嚴重。

▼媽媽因為某些因素而未婚生下女兒，稱謂上是私生女，跟從母姓，沒有父親，雖然女兒結婚了，但是生父家的祖先還是會影響到嫁出去的女兒。

解釋完後，我詢問這位信徒說：『這六種情形，你太太有符合哪一種情形嗎？』

他回答說：『都沒有。』

『既然都沒有，那你太太娘家祖先不會影響到你太太，更別說影響到你——事實上，是沒有權力去影響到你們。你請示的結果是不合理的，我建議你再重問一次。』（前一章節換塔位的案例是三個聖筊的結果和「亡者未對年前不可移動骨灰罈」的民間習俗比對而出現不合理、不合邏輯的狀況。）

指標4〉從當事人發生事情的時間點，分析檢視三個聖筊的結果是否合理、合邏輯

這個眉角，也是蠻多人犯下錯誤的地方。一位先生因為女兒精神方面出問題而請示神明，結果得到三個聖筊，說他女兒精神出問題，是因為他爸爸的陰宅風水有欠點，必須處理好這個欠點，他女兒才會好轉。處理陰宅風水可是一件大事，必須要與家裡的兄弟有共識才行。這位先生於是回去跟家中兄弟商量處理他們爸爸陰宅的風水問題。果然，除了當事人本身以外，其他兄弟全部都不同意，結果兄弟之間鬧得很不愉快。於是，他們一起來宗天宮請示媽祖。

判斷時間點的評判性思考能力，是一名問事人員一定要具備的重要基本能力——什麼是判斷時間點的評判性思考能力？其實就是把時間辨識法的概念用在評判性思考裡，請先把這個案例聽完。

這位先生五兄弟一起來到宗天宮，並敘述整件事情的來龍去脈後，我頭一個問題就是詢問當事人：『你女兒精神方面出問題是什麼時候的事？』

他回答說：『差不多是在去年過完農曆年後。』

我接著再問：『那你爸爸是什麼時候往生的？』

他回答說：『去年的八月。』

我聽完之後覺得很奇怪，就對他說：『聽起來，你爸爸往生前你女兒的精神方面就出問題了，這樣來說，你爸爸的陰宅風水跟你女兒的精神問題之間是沒有關聯性的喔！為什麼呢？你想想，你女兒精神出問題在先，你爸爸往生在後啊！這二個時間點根本兜不起來啊！』

我一講完，站在這位先生旁邊的大哥——也就是家中的長子——馬上出聲附和：『就是嘛，這二個時間點根本就兜不起來，還在那邊一直牽拖是阿爸的陰宅風水有問題，甚至怪我們兄弟眼睜睜看他女兒死掉，連這種話都講得出來！』

後來經過請示媽祖，證實這位先生女兒精神出問題跟他父親的陰宅風水無關，而是其他原因造成的。解決掉這個原因之後，當事人女兒精神方面就漸漸好轉，最後恢復正常了。

問事人員一定要具備判斷時間點的評判性思考能力，如果當事人發生的時間點與三個聖筊的結果進行分析檢視後，發現既不合理、也不合邏輯，那就表示這三個聖筊答案是有爭議的。

分別說明完這四個檢視指標後，我繼續向曾先生解釋：「這四個檢視指標可以幫助我們檢視得到三個聖筊的答案是否符合常理及邏輯，如果不符合常態、不合理、不符合邏輯，那就要去質疑這個答案是否準確，或是問錯了、解釋錯神意了。

現在，我們再回過頭來討論你問出來的訂婚日和結婚日，很明顯的，光用第一個檢視指標去檢視，相信所有擇日書籍都會一致指出，這二個日子分別沖到了你跟你未婚妻。正因為這樣，我建議你要慎重考慮，想一想究竟要不要用這個日子。」

聽我講完後，曾先生點點頭對我說：「王老師，謝謝你的分析，這樣聽起來，確實這日子是很奇怪。那麼，現在我該怎麼做？要請示媽祖嗎？」

問事人員敏感度訓練：從三個聖筊的錯誤答案推論到背後更恐怖的玄機

我對曾先生說：「這個日子看起來確實有問題，不能用了，必須重新再選一個適合的訂婚日跟結婚日。你如果想要再請示媽祖，當然是可以的，但怎麼問媽祖問題就是一門大學問了。」

曾先生回答我說：「王老師，這方面你是專家，就拜託你幫忙問一下，看媽祖怎麼指示，我就配合媽祖的指示來做。」

「好，我來幫你問。」我答應曾先生，並立刻進一步詢問他家中的狀況，「你家運如何？」

其實，我會問這個關鍵問題是有原因的。曾先生眼眶紅紅的說：「很不好，我家二年前真的很慘，當時我都不知道該怎麼辦了，幸好有我未來岳父的幫忙。」

我安慰他說：「沒關係，事情已經過去了，我們得把重心放在未來。現在比較重要的是你的訂婚與結婚日，這也是你們今天來的主要目的，現在我就開始幫你請示媽祖。」

擲筊再次確認日子到底能不能用

於是，我先跟曾先生說明接下來第一個問題的用意：「由於你說這是你家神明指示的日子，所以我會先請示媽祖，你家神明選這個結婚日是不是有什麼特別用意，或是這個日子有要用來破解什麼問題。會問這個問題，是因為過去我也曾遇過神明選了看起來很奇怪的日子，但經過請示後，神明確實是要以那個日子來化解當事人的厄運。所以，我先請示是不是這個原因，這樣做也是對你家家神的尊重，最好不要連問都不問就馬上改日子。」

當神明指示的「好日子」有問題時，最好不要說改就改

當我們對神明指示的「好日子」感到懷疑，並確認的確有可能出錯時，最好不要說改日子就改日子，這當中的眉角是——

▼有時候，神明特別挑這個日子有祂們的用意。

▼對神明的尊重。

曾先生說：「好。」

於是，我開始請示媽祖——

「奉請宗天宮媽祖列位眾神，今天曾弟子誠心祈求媽祖眾神指點迷津。曾弟子即將結婚，但根據結婚日課表上的日子，訂婚日是九月六日，剛好日沖正沖到戊辰年屬龍者，而曾弟子剛好是戊辰年屬龍；結婚日是十一月九日，日沖剛好正沖到己巳年屬蛇者，而新娘正是己巳年屬蛇——這二個日子分別沖到當天要結婚的新人。弟子感到奇怪的地方，就在於這個日子是曾弟子請示過家神的，雖然奇怪但畢竟是神明指示的，弟子不敢隨意改變，所以，首先要請示宗天宮媽祖，選這個日子是不是曾家家神有特別的用意要來破解新人的什麼問題，如果是要用來破解新人的什麼問題的話，弟子會再繼續請示是破解新人的什麼問題，這樣才可以讓曾弟子與周老弟子清楚明白，彼此心裡面也才不會擔心亂想。

所以，請示媽祖，如果選這個日子是曾家的家神有特別用意來破解新人的什麼問題的話，請給弟子三個聖筊。」結果是「沒有聖筊」。〔問題1〕

「請示媽祖，曾弟子訂婚日是在九月六日、結婚日是在十一月九日，那這二個日子能不能用，如果能用的話，請給弟子三個聖筊。」結果是「沒有聖筊」。〔問題2〕

問完第二個問題後，我向曾先生解釋說：「第一個問題我問媽祖選這個日子是不是有什麼特別用意，要破解新人的什麼問題，結果是沒有聖筊；第二個問題我再問這個日子是否能用，也沒有聖筊。所以，接下來我就要請示媽祖比較直接的問題了。」

我接著修改問法——

「請示媽祖，還是訂婚日九月六日、結婚日十一月九日，這二個日子不能用，如果不能用的話，請給弟子三個聖筊。」結果是「二個聖筊」。〔問題3〕

日子不能用只有二個聖筊，找出可能原因去問到三個聖筊

問完第三次問題後，已經出現二個聖筊了，此時，我開始思考一個問題：日子有特別用意沒有聖筊，日子可以用也沒有聖筊，而日子不能用只有二個聖筊，日子不能用就是不能用，照理來說並沒有模糊地帶，媽祖應該直接給三個聖筊才對，為什麼只給二個聖筊？難道這二個聖筊是媽祖在暗示我：曾先生的結婚日的確不能用，但事出必有因，我必須往更深入的地方去思考這個「因」在哪裡，而不能只看日子能不能用這麼簡單！神明查案是全方位的，不會只看表面問題，所以必須要再深入追究造成這個果的「因」在哪裡，於是，我再次修改問法——

「請示媽祖，訂婚日九月六日、結婚日十一月九日，這二個日子是不能用沒錯，但是媽祖還要出曾家的家運籤詩來補充說明，如果是這樣的話，請給弟子三個聖筊。」結果是「二個聖筊」。

〔問題4〕

加上問媽祖是不是要出家運籤詩後，出現了二個聖筊，我對曾先生解釋說：「曾先生，我剛剛起初請示媽祖，選這二個日子是不是有特別的用意，這樣沒有聖筊。第二次我再問這二個日子是否能用，也一樣沒有聖筊——二個問題都沒有聖筊，於是我繼續請示媽祖是不是這二個日子不能用，結果得到了二個聖筊。到目前為止，我們可以確定，訂婚日和結婚日既沒有特別的用意也不能用，而我接著問是否出家運籤詩時有二個聖筊。這讓我開始思考一件事：為什麼問到家運時就出現二個聖筊呢？結婚日跟他家運有什麼關聯性？再加上剛剛也跟你確認過曾家二年前的家運很不好，所以是不是曾家的家裡有什麼問題才造成挑到這個不尋常的結婚日？得要具有這種思維，才是一個專業的問事人員應該具備的敏感度。」

要確認這些問題，就必須要再繼續請示媽祖。於是，我繼續修改我的問法——「請示媽祖，訂婚日九月六日、結婚日十一月九日，這二個日子是不能用沒錯，但是媽祖還要出曾家的家運兼欠點的籤詩來補充說明，如果是這樣的話，請給弟子三個聖筊。」結果是「三個聖筊」。〔問題5〕

終於有三個聖筊出現了，於是我跟曾先生解釋到目前為止擲筊的過程及邏輯，來做一次階段性的歸納。

我對曾先生說：「到目前為止，我一共請示媽祖五個問題，第一個跟第二個問題都沒有聖筊，所以這二個條件可以直接排除掉。第三次時，我請示媽祖這個日子是不是不能用，這樣就有二個聖筊，第四次我問這二個日子不能用沒錯，但還要出你家的家運籤詩來補充說明，這樣仍然只有二個聖筊，第五次我改問日子是不能用沒錯，但還要出曾家的家運兼欠點籤詩來補充說明，這樣終於有三個聖筊出現了。

以目前的筊數情況來做邏輯推論，表示媽祖要告訴你：這二個日子確定不能用，但如果與結婚日的重要性相比，媽祖指示你的家運跟欠點更重要——也就是說，如果你的家運和欠點沒有解決，將來就算你再選一個最適合的結婚日，對你的幫助還是很有限。所以，媽祖才會指示要出你的家運兼欠點籤詩補充說明。至於你的家運到底是怎樣、欠點又是什麼，等籤詩抽出來就知道了。」

問出錯誤日子背後的不尋常主因是欠點影響家運，要再擲筊問出欠點是什麼

媽祖總共出四支籤詩：二支六十甲子籤，二支雷雨師百首籤。

籤詩配對：家運兼欠點		
六十甲子籤	第一支	庚戌籤　聞太師征北伐西岐 一重江水一重山，誰知此去路又難， 任他解救終不過，是非終久未得安。
六十甲子籤	第二支	甲戌籤　孟姜女哭倒萬里長城 風雲致雨落洋洋，天災時氣必有傷， 命內此事難和合，更逢一足出外鄉，
雷雨師百首籤	第一支	辛庚籤　呂后害韓信 木有根荄水有源，君當自此究其原， 莫隨道路人閒話，訟則終凶是至言。
雷雨師百首籤	第二支	辛壬籤　宋高宗誤入牛頭山 乾亥來龍仔細看，坎居午向自當安， 若移丑艮陰陽逆，門戶凋零家道難。

四支籤詩全部抽出來後，我一看，果然不出所料。閉關時媽祖早就教我一個觀念：「神明在查案件時不會是片面性的，一定都會全方位查案。所以，弟子你一定要有從一個『很不尋常的果』的發生，來推論為什麼會造成這個果的『很不尋常的因』的這種高敏感度。」更具體一點來說，這四支籤詩就是媽祖要告訴我，從這一個很不尋常的結婚日課表，來推論造成這個結婚日課表背後有一個很不尋常的主因。問事人員若有這種高敏感度，再複雜與困難的案件都逃不過你的法眼。

我對曾先生說：「現在籤詩已經出來了，首先要知道的是這四支籤詩是媽祖要指示有關你家運兼欠點方面的事情。六十甲子籤抽到的第一支是庚戌籤，很明顯地指出你家中確實有欠點，而且這個欠點讓你家家運像跋山涉水那樣非常難走，這種艱困的處境至今仍未得到改善。如果不把這個欠點找出來並處理掉，就算神明要幫你也是心有餘而力不足。

第二支甲戌籤是在說明，這個欠點讓曾家過去整個家運好似陰雨綿綿般，不順遂的事接二連三不停的來，導致你做什麼事最後都沒有結果，無法達到心中的期待——就像孟姜女最後無法找到萬杞良一樣。

這二支六十甲子籤詩就是在講你家裡面有欠點，而這個欠點正是讓你家中一直接二連三發生不順遂之事的主因。接下來的二支雷雨師百首籤，就要再深入解釋關於這個欠點的微妙細節。

首先是辛庚籤，歷史典故是『呂后害韓信』——呂后叫蕭何把韓信騙入宮中最後殺掉韓信，意謂『過去被騙』。除了歷史典故，詩句中的『木有根荄水有源，君當自此究其原』也講到你家中這個欠點背後有其來龍去脈，我們必須把主因找出來，而『莫隨道路人閒話，訟則終凶是至言』則在說這個『因』的形成，可能是聽了他人建議才做出的決定。再深入且具體一點來說，辛庚籤就是在指：你家中原本沒有欠點，而是聽他人建議後做了什麼樣決定，才衍生出這個欠點來的。

第二支辛壬籤的歷史典故是『宋高宗誤入牛頭山』——宋高宗被金兵追殺，因為對地理環境不熟悉而跑到了牛頭山，被金兵困在牛頭山，意謂著對某些事不熟悉或不懂，才讓自己陷入困境。以詩句的末二句『若移丑艮陰陽逆，門戶凋零家道難』來看，『陰陽逆』表示做錯了，而且就是做錯了才導致門戶凋零及家道中落。

整合四支籤詩來看，就是媽祖在指示：你家中有欠點且影響到整個家運，導致家裡接二連三發生不順遂的事。你家中原本是沒有欠點的，一切都相安無事，但是不知道什麼時候、聽了誰的話或建議，再加上本身對該方面不熟悉、不懂，於是採納並施行了某個錯誤決定，才導致門戶凋零及家道中落。」

聽完我解籤後，曾先生的表情很明顯的憂愁起來。他對我說：「對，沒錯，王老師，我家中過去的確是接二連三的出事，只是當時我不知道是什麼原因造成的，沒想到是有欠點。」

我對曾先生說：「周先生第一次拿你那張不尋常的結婚日課表給我看，而且這個日期還是神明指示的，從那時起我就一直思考，**怎麼會出現這麼一張不尋常的結婚日課表，這背後是不是隱藏著什麼我看不到的問題。**」

曾先生回說：「老師，不瞞你說，我是從事板模工作的，家中情形就像籤詩講的那樣，家道中落，門戶凋零。二年前春節期間的一個晚上，我爸爸一個人去海邊，邊釣魚、邊喝酒，不知道是不是酒醉而不小心掉入海裡，救起來時已經沒有生命跡象了。

同年三月，我媽媽在房間裡燒炭自殺，是隔日早上我看她九點了還沒下樓，跑去撬開房門才發現的。媽媽在爸爸往生後就開始有憂鬱症，有時候都會聽到她口裡唸著『要自殺，要自殺』之類的話，沒想到，真的燒炭自殺了……。」

我繼續問道：「那你家中還有兄弟姊妹嗎？」

「我還有一個姊姊，但我爸爸往生後她就離家出走了，就算是我媽媽的喪事期間也一直連絡不到她，二、三個月完全失聯，我也有去報過警。然而，就在媽媽出殯的前一晚，我接到一通警察局打來的電話，說在海邊發現一名女屍，要我去確定是不是我姊姊。當天，我為了媽媽隔日要出殯的事已經忙得昏頭轉向，所以就拜託我未來岳父開車載我去，沒想到真的是我姊姊！王老師，你知道嗎？我姐姐死亡時全身赤裸、眼睛沒有閉上地躺在沙灘上，死狀非常詭異……。」曾先生搖搖頭且眼眶泛紅的說。

「嗯……，二年前一年內往生三個親人——你家裡的狀況真的像籤詩講的那樣，一直接二連三的發生不順遂之事，生活過得也是坎坎坷坷的。」我對曾先生說，「不過，沒有關係，這都已經過去了。既然媽祖出的籤詩跟你現實生活中的情況吻合，那就表示確實是有欠點影響到家運。所以，現在最重要的就是把欠點找出來並解決掉，才不會讓家運一直走下坡、持續低迷。」

「好，謝謝王老師。」曾先生回答。

我對曾先生說：「既然籤詩確實講到你家中有欠點，那就要找出這個欠點是什麼。找欠點，一定要用擲筊的方式去請示神明，這一點很多人都做錯——很多人抽到籤詩，知道籤詩在講有欠點的存在，可是接下來並沒有擲筊繼續問神明是什麼欠點，反而一直再抽欠點的籤詩，這樣一直抽一直抽，也無法知道這個欠點是什麼！總而言之，只要抽到有欠點的籤詩，下一步就是擲筊問神明籤詩裡面所講的欠點是什麼，這樣才是根本之道，這一點非常重要，一定要記起來。」

問到可能的欠點時，要先確認這個欠點跟當事人所遇狀況有無關聯性

於是，我開始請示媽祖——

「請示媽祖，籤詩裡面確實講到曾家的家運裡有欠點，所以弟子祈求媽祖大發慈悲指點迷津，指示這個欠點到底是什麼？如果這個欠點是祖先方面的話，請給弟子三個聖筊。」結果是「沒有聖筊」。〔問題6〕

「請示媽祖，既然不是祖先有欠點，那這個欠點是不是在講神桌方面的，如果這個欠點是在講神桌方面的話，請給弟子三個聖筊。」結果是「二個聖筊」。〔問題7〕

現在已經有二個聖筊出現了，我開始繼續思考：如果是神桌有欠點，那麼乾脆給三個聖筊就好了，為什麼只給二個聖筊？所以，二個聖筊就是在暗示：不完全是這個神桌有問題，而是跟神桌有關。於是，我問曾先生一個重要問題：「你家神桌上面有拜什麼神嗎？」

曾先生回答：「有二尊神，一尊是觀音，一尊是土地公。」

我點頭說：「好，我問這個問題是因為剛剛問神桌有欠點時有二個聖筊，所以得往跟神桌上或跟神桌有關聯的東西繼續問，讓媽祖指示欠點是什麼。」於是我再次修改問法請示媽祖——

「請示媽祖，神桌有欠點有二個聖筊，意思並不是神桌本身有欠點，那這個欠點是不是在講神桌上的二尊神明，如果這個欠點是在講神桌上的神明的話，請給弟子三個聖筊。」結果是「二個聖筊」。〔問題8〕

因為問到欠點是指神桌上的神明時有二個聖筊，所以我問曾先生一個關鍵性的指標問題：「曾先生，請問這二尊神明是你爸爸、媽媽、姊姊三位親人往生前就有了，還是往生後才有的？」

「往生之前就有的。」

我點了點頭表示明白，並解釋給曾先生聽：「這個問題很重要且關鍵，剛剛媽祖指示這二尊神有欠點時只給二個聖筊，所以我必須知道你三位親人往生的時間點跟這三尊神明有沒有關聯性；根據有關聯性或沒有關聯性，問法就會不同，這會決定我接下來要怎麼問媽祖。

具體一點來說，如果你家三位親人往生後才有這二尊神，那欠點跟這二尊神明就沒有關聯性；

但如果這二尊神來你家後，你家三位親人才相繼往生，那欠點跟這二尊神明的關聯性就很大了（這裡和前面章節趙先生女兒找外方面欠點 P194 時一樣，運用時機辨識法確認欠點）。

你剛剛說，是這二尊神來到你家之後三位親人才在一年內相繼往生。那麼，我就要再次修改問法了——

請示媽祖，弟子剛剛請示這個欠點是在講神桌上的二尊神明時得到二個聖筊，那是不是這二尊神明有不好的靈在裡面，所以欠點就是這二尊神，如果是這樣的話，請給弟子三個聖筊。」結果是「二個聖筊」。（問題9）

別忘了階段性問事記錄，避免忘記並進一步整合及邏輯推論

請注意，同樣的，這裡我們要先把到目前為止得到二個聖筊跟三個聖筊的過程及答案先做一個完整記錄，一來避免自己問到哪裡都忘記了，二來有助於進一步做出合理且完整的邏輯推論。

第一次階段性問事記錄整合及邏輯推論

一開始可以直接問排除掉（沒有聖筊）的答案

▼結婚日有特別用意

▼結婚日可以用

有二個聖筊的答案
▼結婚日不能用
▼結婚日不能用且要出家運籤詩

←

現階段有三個聖筊的答案
結婚日不能用且要出家運籤兼欠點

←

籤詩確定有欠點，開始找欠點——
▼祖先欠點：沒有聖筊
▼神桌欠點：二個聖筊
▼神桌上的二尊神明：二個聖筊
▼神桌上的二尊神明有不好的靈跑進去：二個聖筊

我對曾先生說：「到目前為止，以聖筊數的情況來做邏輯推論，首先我們已經知道挑出來的訂婚日和結婚日確實是不能用（二個聖筊），而不能用的原因跟家運有關聯性（二個聖筊）。接著我們開始思考，那麼，跟家運的什麼問題有關才會導致挑出不能用的日子？原因是有家運兼欠點的問題存在（三個聖筊）。既然知道家運受到欠點影響，那就要繼續問出到底是什麼欠點——**神明既然指示家中有欠點，就一定知道是什麼欠點，所以一定要把它給問出來**，這樣才是最完整的問事過程。只知道有欠點而沒有能力把欠點問出來，甚至不知道要從什麼方向繼續把欠點問出來，這樣根本無法解決事情。」

解釋完後，我問曾先生說：「到目前為止，你了解整個問事的邏輯了嗎？」

他回答說：「到目前為止，我都瞭解。王老師，你問神真的精采絕倫，我在旁邊都看到驚心動魄的。」

我笑了一下，回他說：「好，既然你瞭解，我就繼續幫你找欠點。剛剛媽祖指示到，神桌欠點有二個聖筊、欠點是神桌上二尊神明二個聖筊、神桌上的二尊神明有不好的東西跑進去還是只有二個聖筊。這個時候，就要開始運用系統思考什麼條件之下才會造成這二尊神有欠點——有不好的靈。舉例來說：

▼二尊神像開光沒有處理好，所以有不好靈的進去。

▼沒開光就直接拜，所以有不好的靈進去。

▼隨便亂撿這二尊神來拜，而撿來的時候二尊神像裡早就有不好的靈在了。

▼最初這二尊神有正神在裡面，但可能有人把神桌移動過、把神尊退神過、重新粉面過等等因素而導致正神離去，所以有不好的靈進去。

祭拜的神尊可能出現不好的靈的原因

在遇到神尊有「不好的靈跑進去」這個欠點時若遇到二個聖筊，一般都是要更完整的說明一下神尊出現欠點的原因，此時，有幾個方向可以去思考：

▼神像開光沒有處理好而導致有不好的靈跑進去。

▼沒開光就直接拜而導致有不好的靈跑進去。

▼隨便亂撿神尊來拜，而撿來的時候神尊裡早就有不好的靈在。

▼神尊原本有正神在，但可能因為移動過神桌、神尊退神過、神尊重新粉面過等等因素而導致正神離開，所以有不好的靈跑進去。

系統性思考一定會在問事人員的問事過程當中用到，尤其是遇到二個聖筊卡關的時候。所以，千萬一定要有系統性思考的概念，否則擲筊問神的能力永遠不會進步。」

此時，我拿起剛剛抽到的籤詩看，尤其是二支講欠點細節的雷雨師百首籤，一支典故是『呂后害韓信』，一支典故是『宋高宗誤入牛頭山』，這二支籤詩指出：聽了什麼人的話，自己本身又不懂，因而做錯決定，導致門戶凋零及家道中落。我問曾先生：「請問這二尊神當時是怎麼來的？」

他說：「這二尊神明是我爸爸拿回來的。我爸爸從事水泥方面的工作，一次，他到一棟大樓的地下室整修牆壁，一位婦人拿著一個箱子走過去跟他說：『我們要搬家了，這二尊神你要不要，如果要就送你結緣讓你拜。』我爸看那神尊還挺新的，就答應了，這就是這二尊神明的由來。」

聽完曾先生的敘述後，我心裡覺得怪怪的——家裡面的神如果全家拜得好好的，且家中都平安無事，怎麼會把神尊送人？光是這一點，我就有點懷疑這二尊神是不是有問題，不然那位婦人為什麼要送人？再加上百首籤詩的內容及媽祖剛剛也指示這二尊神有不好的靈進去，所以我大概知道要怎麼繼續問了。於是，我再次修改問法請示媽祖——

「請示媽祖，欠點確實是神桌上的這二尊神明沒有錯，而主要的來龍去脈，就像曾弟子所說的那樣，當時那位婦人送這二尊神尊給曾弟子的爸爸，而二尊神明裡早就有不好的靈在裡面了，曾弟子的爸爸不知道這二尊神尊早就已經出問題，而在不知情的情況下把這二尊神明帶回家中拜，所以才會開始讓家中一直出事，造成現在門戶凋零及家道中落的情況。如果是這樣的話，請給弟子三個聖筊。」結果終於「三個聖筊」了。（問題10）

第二次階段性問事記錄整合及邏輯推論

一開始可以直接問排除掉（沒有聖筊）的答案

▼結婚日有特別用意

▼結婚日可以用

一開始問有二個聖筊的答案
▼結婚日不能用
▼結婚日不能用且要出家運籤詩

←

出現三個聖筊的答案
結婚日不能用且要出家運籤兼欠點

←

籤詩確定有欠點，開始找欠點——
▼祖先欠點：沒有聖筊
▼神桌欠點：二個聖筊
▼神桌上的二尊神明：二個聖筊
▼神桌上的二尊神明有不好的靈跑進去：二個聖筊

←

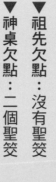

出現三個聖筊的答案
（媽祖要指示更具體的欠點原因）
一位婦人送二尊神尊給曾弟子的爸爸，而這二尊神明早就有不好的靈在裡面，曾弟子的爸爸不知道這二尊神尊早就出問題了，在不知情的情況下把這二尊神明帶回家中拜，開始讓家中一直出事，才造成現在的門戶凋零及家道中落。

我對曾先生說：「問到第十個問題，終於又出現三個聖筊了，出現三個聖筊的來龍去脈也符合你剛剛所說——這二尊神是你爸爸撿回來的。擲筊最大的好處之一就是不會隨當事人人云亦云，所以，不管當事人說是什麼問題，我都會再請示媽祖，是不是確實是當事人講的那個問題，而不是當事人說的算，或者是我說了算。

確認了欠點是什麼後，要再請示是否還有其他欠點

現在問題已經找出來了，但我還必須繼續請示媽祖，除了這個欠點，還有沒有其他欠點，這樣才是完整的問事過程。」於是，我再次請示媽祖——

「請示媽祖，現在曾弟子家中的欠點已經找到了，主要的來龍去脈是出在曾弟子的爸爸把這二尊神尊帶回家前就已經有問題了。那麼，除了這個欠點以外，媽祖是否還有查到其他欠點？如果有其他欠點的話，請給弟子三個聖筊。」結果「沒有聖筊」。〔問題11〕

「好，沒有聖筊就代表沒有其他欠點了。」我對曾先生說，「現在答案出來了，我一一跟你解釋整個邏輯。過去你家中發生這麼多事，原因出在你家中的二尊神明有欠點，經媽祖查明，這二尊神裡面已經有不好的靈在了。這二尊神明是你爸爸帶回家中拜的，至於你爸爸為什麼會有這二尊神明，是因為有位婦人送他結緣，你爸爸對這方面不懂，就把出了問題的二尊神尊帶回家供奉，進而導致你家裡開始接二連三出事，甚至發生一些令人遺憾的事。

重點來了，你當初來宗天宮的目的是什麼？是那一張很不尋常的結婚日課表，因為這張不尋常的結婚日課表，媽祖指示日課表上的日子不能用以外，還要出有關你家運兼欠點的籤詩，最後才知道欠點是你家這二尊神明。更具體與深入的做邏輯推論，那就是代表：

(1)你問的訂婚日跟結婚日確實是錯的。

(2)導致你問錯的，正是那二尊神明並不是正神，所以指示出來的答案才會非常不尋常且令人匪夷所思。就像我之前講過的，擇日的老師選日子都不會犯這種錯誤，更何況是神明，這不太合理！原來，問題就是出在二尊神明了。

曾先生，這樣你可以瞭解整個問事的邏輯了嗎？」

曾先生回答：「我懂了，王老師，不瞞你說，我當初也很納悶，既然家裡有拜神明，怎麼還一直出事，而且還是一些很怪的事。當時我真的對宗教沒什麼信心，本來也不想拜家裡的神了，只是想到這是爸爸留下來的，才不敢隨意丟掉或請去其他地方。那現在要怎麼處理這二尊神明呢？」

我回答說：「你要處理，我再幫你問，如果你不想處理，那就順其自然。」

曾先生回答：「我一定要處理，這件事情要拜託王老師幫忙。」

「好，既然你要處理，我們就繼續請示媽祖接下來要怎麼處理。媽祖曾經教過我，在處理外陰部分依定要很小心謹慎，必須由神明先出面跟外陰協調談判，協調好再請示媽祖怎麼處理。」

問解決欠點之道：「除惡勿盡」，媽祖交代，處理任何事都要給對方留條路走

於是，我開始請示媽祖——

「請示媽祖，現在曾弟子家中的欠點已經找到了，主要的來龍去脈出在曾弟子的爸爸帶回來的這二尊神尊有不好的靈在裡面，接下來請媽祖眾神出面跟對方協調談判，以一個月的時間為限，一個月後曾弟子再回來請示媽祖跟對方談的結果如何，並做進一步的指示。這樣子處理好不好，如果好的話請給弟子三個聖筊。」結果是「二個聖筊」。（問題12）

此時出現二個聖筊，就是說：這樣處理可以，但是還沒有很完整。那麼，還沒有完整的條件有哪些呢？

根據閉關時媽祖教我的，⑴談判時間長短、⑵當事人在神明談判期間要注意什麼、⑶護身符保身、⑷金紙方面、⑸協調後要準備什麼供品……等等，都是無法得到三個聖筊的條件。所以，問這類型問題而只有得到二個聖筊時，腦中就要往這些條件去思考，一定會得到三個聖筊。

問跟外陰談判結果遇到二個聖筊時……

在處理外陰問題時，比較好的做法是，先請神明跟外陰協調談判，再做後續的處理，而不能一開始就強硬處理，否則容易把事情搞砸——處理外陰之事的重點就是：神明還沒指示要怎麼做之前，千萬不要自己自作主張先做。

如果在請示神明跟外陰談判結果及是否後續處理時出現二個聖筊的狀況，表示還有未完整說明到的條件，常見的有：

▼談判時間長短。
▼當事人在神明談判期間的注意意項。
▼護身符保身。
▼金紙方面的問題。
▼協調後要準備什麼供品。

於是，我修正我的問法——

「請示媽祖，請媽祖眾神出面跟對方協調談判，但不用到一個月的時間，二個禮拜就好，二個禮拜後曾弟子再回來請示媽祖跟對方談的結果如何，媽祖屆時會做進一步的指示。這樣子處理好不好，如果這樣處理好的話，請給弟子三個聖筊。」結果還是「二個聖筊」。〔問題13〕

到目前為止，出現的二個聖筊的有二個：(1)請媽祖出面協調，(2)二個禮拜協調的時間。所以，我們可以排除掉一個月協調談判時間這個條件，而把二個有得到二個聖筊的問題保留起來，再加進去一個新條件繼續請示媽祖。所以，我再次修正我的問法——

「請示媽祖，請媽祖眾神出面跟對方協調談判，期限二個禮拜就好，二個禮拜後曾弟子回來請示媽祖跟對方談的結果如何，再做進一步的指示，但媽祖還要派一個護身符讓曾弟子帶在身上，確保在協調談判期間曾弟子的安全無虞。這樣處理好不好？如果這樣處理好，請給弟子三個聖筊。」結果終於有「三個聖筊」了。〔問題14〕

處理無形因素一定要慎重，最保險的做法就是要經過神明同意

我於是對曾先生說：「三個聖筊終於出現了，關於這三個聖筊的意義，讓我仔細跟你解釋。媽祖查到你家這二尊神明有不好的靈在裡面，雖然裡面有不好的靈，但不能隨意把這二尊神丟掉，更不能隨意把這二尊退神掉——這樣的處理方法很危險。正確的做法是：先請神明跟對方協調好（就算要退掉，也要等神明跟對方談好），如果到時神明指示要退神才可以遵照指示去退神，這樣才能萬無一失，否則有時候會兩敗俱傷。

處理外陰方面的事，一定要很小心，重點就是：神明還沒指示要怎麼做之前，千萬不要自己自作主張就先做。

媽祖跟對方協調談判的期間是二個禮拜，這二個禮拜期間，媽祖為了顧及你的安全，再派一個護身符讓你帶在身上，確保你在談判期間平安無事。二個禮拜後，你過來宗天宮請示媽祖跟對方談得如何，以及下一步要怎麼處理。

曾先生聽完後問道：「王老師，那這二個禮拜期間我家裡要上香嗎？」

「神方面不用再點香了，祖先可以點香，二個禮拜後，你務必再過來一趟。」我回曾先生說。

「好，謝謝王老師。沒想到僅憑一張結婚日課表的日子，竟然可以把這個看似普通的事情，一直推論到背後隱藏、看不見的嚴重問題，你真的跟一般老師很不一樣。謝謝你。」曾先生說。

我笑笑地對他說：「不用客氣，媽祖指示二個禮拜後你一定要再過來，跟外陰協調談判的時間是不能失信的喔！這很重要，千萬要記得。」

「好，二個禮拜後我一定會過來，再次謝謝王老師。」曾先生回答。

整個問事到此告一個段落，接下來就等二個禮拜後媽祖怎麼指示，才知道後續的處理方式。

二個禮拜後，周先生跟曾先生如期的來到宗天宮，這一次他們來的主要目的，是請示媽祖這二個禮拜媽祖跟對方的談判情況，以便做下一步的處理。

我對曾先生：「今天我們要問的就是這二個禮拜媽祖跟外陰部分是否已經協調好，以及要再做什麼處理。現在我開始幫你請示媽祖。」

這種憑當事人現在狀況無法立即看到他的家運及運勢有無改善的情形，就一定要問媽祖「是否已經跟外陰協調好」這個問題，這不同於之前趙先生女兒精神狀況的案子 P199 ，趙先生女兒在媽祖與孤魂協調後，我們很明顯的可以看到當事人的精神狀況已經幾近正常，所以可以推論媽祖已經跟孤魂協調好，但曾先生這個案件我當時無法看出，所以必定要再問媽祖是否已經跟外陰協調好，這個觀念很重要，請務必要記起來。

於是，我請示媽祖——

「請示媽祖，二個禮拜前媽祖指示要出面跟附在二尊神尊裡的不好的靈協調，這段期間媽祖是否已經跟對方協調好，並且要指示怎麼處理了，如果已經協調好要開始指示怎麼處理的話，請給弟子三個聖筊。」結果「二個聖筊」。〔問題1〕

問協調結果和進一步處理指示得到二個聖筊時……

我告訴曾先生說：「今天問事的主要方向是請示媽祖是否已經協調好並且指示要怎麼處理，現在得到二個聖筊，這種情況要解釋為：媽祖已經協調好，但還有一些重點要問出來。重點有哪些？當年我閉關時媽祖教導過，處理外陰要盡量給對方一條後路走，先禮後兵，如此才能根治——不能用強硬的方式對待外陰，否則不管對當事人、當事人全家和問事人員來說都不是很好。神明都是慈悲的，不管是人或外陰，都有可能在一瞬間悔悟，我們應該給對方悔悟的機會。

所以，這二個聖筊接下來要問的，就是媽祖給對方什麼機會——這個就是神明厲害的地方，也是我們人做不到的地方。機會的可能性包含：⑴神明收留外陰並跟著神明修行、⑵收留成為神明的兵馬、⑶神明幫外陰辦理轉世……等等，這都是媽祖曾經教過我的。」

於是，我繼續請示媽祖——

「請示媽祖，這二個禮拜媽祖已經跟對方協調好，並且也已經答應要收留外陰跟隨媽祖修行走正道，一起跟隨宗天宮媽祖濟世救人，這樣對陰、對陽才是兩全其美的方法。是不是這樣，如果是這樣的話，請給弟子三個聖筊。」結果是「二個聖筊」。〔問題2〕

「請示媽祖，這二個禮拜媽祖已經跟對方協調好，並且也已經答應要收留外陰成為媽祖的兵馬，捨旁門而走正道，一起跟隨宗天宮媽祖濟世救人，這樣對陰、對陽才是兩全其美的方法。是不是這樣，如果是這樣的話，請給弟子三個聖筊。」結果立刻出現「三個聖筊」。〔問題3〕

三個聖筊出現後，我對曾先生說：「對，這樣才是兩全其美、雙贏的方式。媽祖曾經告訴我：『弟子，你處理外陰的時候要思考一件事，如果把神尊裡的外陰退掉了，這些外陰又要去哪裡呢？流浪、變無主孤魂或再找下一個沒有神靈的金身跑進去，更嚴重的甚至會附在無辜的人身上，造成那個人精神與行為異常……，這都不是好的處理方法。最好的方法就是安排一條後路給外陰走，這樣做通常可以加速跟外陰的談判，使當事人在短時間內精神及行為恢復正常——因為這可以使外陰不感到害怕，進而使它們很快地放下執念，只要它們能放下執念，事情就好談了。』」

神明的慈悲——給外陰留後路是比較兩全其美的做法

外陰的處理不能硬碰硬，否則對當事人、當事人全家和問事者本身都不是很好。一般來說，常見的做法有——

▼神明收留外陰並跟著神明修行（修行後將來有機會成神）。
▼收留成為神明的兵馬。
▼神明幫外陰辦理轉世。

留後路給外陰，不只是體諒到外陰亦有向善的可能性，還有助於談判的順利，這樣外陰才不會對自己的未來感到恐懼，而比較容易放下執著，如此事情自然就比較好談。另一方面，這樣外陰就不用再流浪、變成無主孤魂、附到其他神尊、牌位或人身上，減少導致下一個欠點問題而影響其他人的風險。

曾先生聽完後，歎了一口氣對我說：「這個方法真的很好，但真的是超乎人想像，神明畢竟是慈悲的，還會想到這些不好的靈將來會不會影響到其他人。媽祖真的很慈悲，考慮得面面俱到，我今天也算是跟媽祖和王老師學到一門寶貴的問事及辦事專業課程，謝謝媽祖及王老師。」

我對曾先生說：「你不用客氣，也不用謝我，要謝，謝媽祖就好，背後沒有神的幫忙，人也不會厲害到哪裡去。既然媽祖要收留這些外陰成為宗天宮兵馬，我們下一步就要正式處理二尊神尊的問題。也就是說，一定要神明指示已經跟對方談好了，才能處理這二尊已經被不好的靈跑進去的神尊，這樣比較安全。」

接下來，我就遵照媽祖的指示，把這二尊神尊先進行退神，讓媽祖收留這些外陰成為宗天宮兵馬，接著再對這二尊神尊進行淨化，然後依媽祖指示的良辰吉日把這二尊的正神的神靈請回來重新開光，最後，我還幫曾先生看一個適合結婚的好日子，這一個案子就圓滿結束了。

當我把已經看好的結婚日課表拿給曾先生與周先生時，曾先生說：「王老師，從這一件事情當中，我學到很多的事，尤其是你從一張結婚日課表裡的日子推論到背後所隱藏的玄機。這一點你真的很厲害，我到目前還沒有看過像你這樣問事的人，更厲害的是，擲筊的邏輯推論更是很少人有的境界。王老師，你有要收徒弟嗎？」

我笑笑對曾先生：「不要說收不收徒弟啦，將來我們宗天宮有開課時，如果你有興趣想學，我們都很歡迎，這也是宗天宮的建廟宗旨之一。其實，我真的很希望可以把我會的都傳授給正派及有心想濟世救人的人，這樣才可以讓正向的宗教代代相傳。」

周先生也握起我的手說：「王老師，真的很感謝你，沒想到從一個不尋常的結婚日，竟然可以連帶解決我未來女婿家裡這麼重大的欠點，我終於可以放心把女兒嫁出去了，真的很謝謝你。」

「都別客氣，事情圓滿就好，先跟二位說聲恭喜，祝曾先生你們夫妻琴瑟和鳴，永浴愛河！」

看著這對未來翁婿一起離開的畫面，我超開心的，終於讓二個家庭都能放下心來好好籌備婚事了。真的要感謝媽祖，沒有神明傳授的法門，大概也無法把問題推論到那麼深入，謝謝媽祖！

從這個案例我學到什麼：不只會問事，還要能指正問題是否問錯

問事人員一定要具備評判性思考的能力，就像曾先生這個案子一樣，起初是從一張很不尋常的

結婚日課表開始，後續才挖出一大串問題，所有想要成為一位頂尖問事人員的人，都應該具備這種問事敏感度。

問事人員的責任不只是要幫人問事，同時還要有責任指正當事人是否有把問題問錯，甚至幫當事人找出錯誤在哪裡。

問事二十多年的經驗告訴我，雖然當事人有得到三個聖筊，但是這三個聖筊的答案有的非常奇怪，既不符合邏輯，也不合理，更不符合常理，就像我提過的例子那樣，當事人的太太車禍昏迷，怎麼會是岳父、岳母過去做了很多不好的事所導致P245。所以，**問事人員一定要有一個敏銳的觀察力**，不是有三個聖筊出現就是百分之百的答案，我們一定還要學會去判斷——到底當事人當時是怎麼問的？有沒有把三個聖筊給解釋錯了？

曾先生這個案子起初讓我非常納悶的是：訂婚日跟結婚日怎麼會都沖到新人？更讓我百思不得其解的是：這個日子竟然是神明指示的——一般擇日老師不會犯的錯誤，神竟然犯了！這就是我認為這三個聖筊有問題的第一點！

第二點是媽祖除了指示結婚日不能用，還要出曾先生的家運兼欠點籤詩，而籤詩一出來，還真的有欠點，而曾先生過去家裡面曾經一年內往生三位親人，往生的時間點正是在曾先生的爸爸把人家送的二尊神明請回家拜後才發生的，更可怕的是往生的方式都很詭異。

坦白講，在還沒請示媽祖時，我早就已經在懷疑這二尊神明有問題了，所以我才會問曾先生那個關鍵性問題：「你家運如何？」但懷疑畢竟只是懷疑，無法完全確定，還是非得媽祖指示才能夠確定。

相反的，如果曾先生的三位親人在這二尊神明還沒來他家前就已經往生，那欠點就跟這二尊神沒有關聯性，而我就會往其他方向找欠點。

不過，其實還是有端倪透露神尊出問題的——

▼以時間點來看，曾先生三位親人相繼往生，都是在二尊神來到他家後才發生，並不是這二尊神來之前就往生

我開始懷疑這二尊神明可能有問題。

▼從人性和一般人拜神的常理和合理性去檢查：神尊是別人送曾先生的爸爸的，但一般人家裡拜神，如果拜得好好的，全家相安無事，一切都很不錯，是不太可能把家神送別人

我可以大膽推論：送神尊給曾先生的爸爸的那位婦人家中是不是也拜到出事、家中不太平安而意識到神明有問題，才想把神尊送走，但又不知道要送去哪裡，剛好婦人遇到了曾先生的爸爸，就順手送給了他。最遺憾的是，曾先生的爸爸就像籤詩講的那樣，並不知道這種事情的嚴重性，就這樣把這二尊神請回去拜了。

▼以邏輯性來看的話，這日子選得也太怪了，人都不會犯這種錯誤，神更加不會犯才對

然而，我請示媽祖時，並未主觀的一口咬定神明有問題，頂多只是有些懷疑，所以才先問這個日子是不是有什麼特別的用意，如果得到三個聖筊，那我的懷疑就會減少很多。然而事實是，非但沒有三個聖筊，媽祖反而指示不能用二個聖筊，並且還要出家運兼欠點的籤詩。看了媽祖出的籤詩後，我心裡面大致就已經篤定裡面有大問題了。然而，就算如此，問事人員一定要堅守一個原

則：就算是心裡面已經篤定某個答案，仍然要有神明三個聖筊指示才算數，否則那是你自己講的，不是神明講的。

想要成為一名頂尖的問事人員，務必記熟那四項檢視三個聖筊的答案是否有誤的指標 P242，千萬不能以為當事人問出三個聖筊就一定是答案了，你還要問當事人當初是怎麼問的、問的過程如何，然後用這些指標重新檢視一次。如果沒有相互矛盾，既合邏輯也合常理，那才能判斷這個答案沒有問題。

希望大家看完這個案例之後，不管是問事的功力、思考能力、判斷能力、邏輯能力、觀察敏感力，都可以大大增加，進而真正成為一位有能力解決眾生困苦的問神達人。

最後提醒

關於這個章節裡面提到的「擲出三個聖筊卻出錯」的四項檢視指標，就是讓大家在自己擲出三個聖筊時用來檢視自己問出的答案對不對。

至於要如何判斷是像曾先生家的案例這麼嚴重，出現家中神明都出問題的事態，或是單純只是問錯問題或解釋錯神意呢？

最好的判斷指標其實就是：家運。如果有外陰、神明等無形欠點問題的干擾，大部分家中都已經有一段時間過得不太平安了，也或者曾經接連出過大事，甚至家中有人意外往生。如果發現當事人家中有遇到這類的情況，問事人員應該要有敏感度去找出背後更多的隱情。

相對的，若家中一切都平順，沒有發生重大異常情況，那千萬不能誤會是家神有問題，那只是單純問錯及解釋錯神意而已。

結語

問事是一門融合理性、哲理、人文和感性的宗教藝術

「問事」雖然只有短短二個字，但這是一門含有大量豐富的人文素養精神、宗教哲學思維、科學邏輯判斷、創造思考醞釀、問題解決能力的融合課程，充滿了感性與理性的衝突之美，會讓人愛不釋手，也會讓人驚心動魄，更會讓人心生卻步。

高山仰止，景行行止，雖不能至，心嚮往之

很多人把問事看得很簡單，孰不知——如果問得對，那將助困苦之人脫離苦海；反之，一旦問錯了，那將使當事人陷於萬劫不復之中。所以，問事不能等閒視之，這絕對不是一件簡單的事，問事人員必須靠一段長時間腦力激盪過程的洗禮來累積自身豐富的經驗，這個經驗也必須含有大量的科學邏輯思考與推論的能力。正因為如此，如果你真的想成為一位問事人員，我真心的建議——不要急，放慢腳步，慢慢來，一點一滴的學習，**請不要急著想去幫人問事**，先把要成為一位問事人員該具備的基本能力都具備好，這樣幫人問事才能夠真正達到濟世救人的境界，否則只會自誤誤人、害人害己。

每個人有每個人的天賦，資質也都不盡相同，有的人學得快，有的人學得慢，有的人可以舉一

反三，有的人必須要講好幾次才能夠理解。這很正常，如果真的覺得自己不適合走這一條路，也不要灰心，更不要覺得自己能力不好——走順其自然的路也不失為一條好路；走太過於執著的路有時候反而會跌跌撞撞，甚至可能造成無法回頭的情況。因此，宗教問事這條路千萬不要用勉強的心態去走，順其自然，雖不能至，心嚮往之就好。

思考竅門互相搭配能產生多種變化組合

在這本書裡，我公開閉關時媽祖所教的宗天法門之一的邏輯推論法門，這法門裡面就包含兩大精要——系統思考、評判性思考，以及系統思考的輔助技巧（時機辨識法、反推法、雙系統籤詩、合理的問題篩選法……等等），每一種思考竅門看起來雖然都是獨立個體，但其實每一種思考竅門都能跟另一個思考竅門搭配使用。

舉例來說，在這本書當中，你就看到我在系統思考中，同時用反推法和時機辨識法，也曾經使用時機辨識法和雙系統籤詩來修改問法。如此一來，就又能夠產生很多種不一樣的組合，幫助問事人員在問事的時候更快速地找到答案。

問事不只需要大量邏輯推論的思考，同時也是一門藝術的美學，因為當我在問事過程中遇到二個聖筊時，腦中有時候也會出現不同顏色的組合變化，就像三原色可以做出多種不同顏色的變化原理去做思考——看最後媽祖是要我調出哪一種顏色。後來我發現，個性、心態比較有問題的人，最後調出來的顏色都比較暗色系，而不是淡色系的。

每個人所適合的方法都不一樣，希望這本書裡面傳授的邏輯推論法門可以帶給大家不一樣的思考方式，讓大家更有能力問出三個聖筊。同時，我更相信只要熟讀此書，用心去參透、參悟，你一定會覺得要擲出三個聖筊不是太難的事，而只要有這種自度能力，那接下來就可以再去度人了。

我們一起加油、一起共勉。

不只精準無誤問出問題點和解決辦法，
也讓神意不再被斷章取義、以偏概全！

27
Mystery

27
Mystery